ケアと自治

新・生活指導の理論

学びと参加

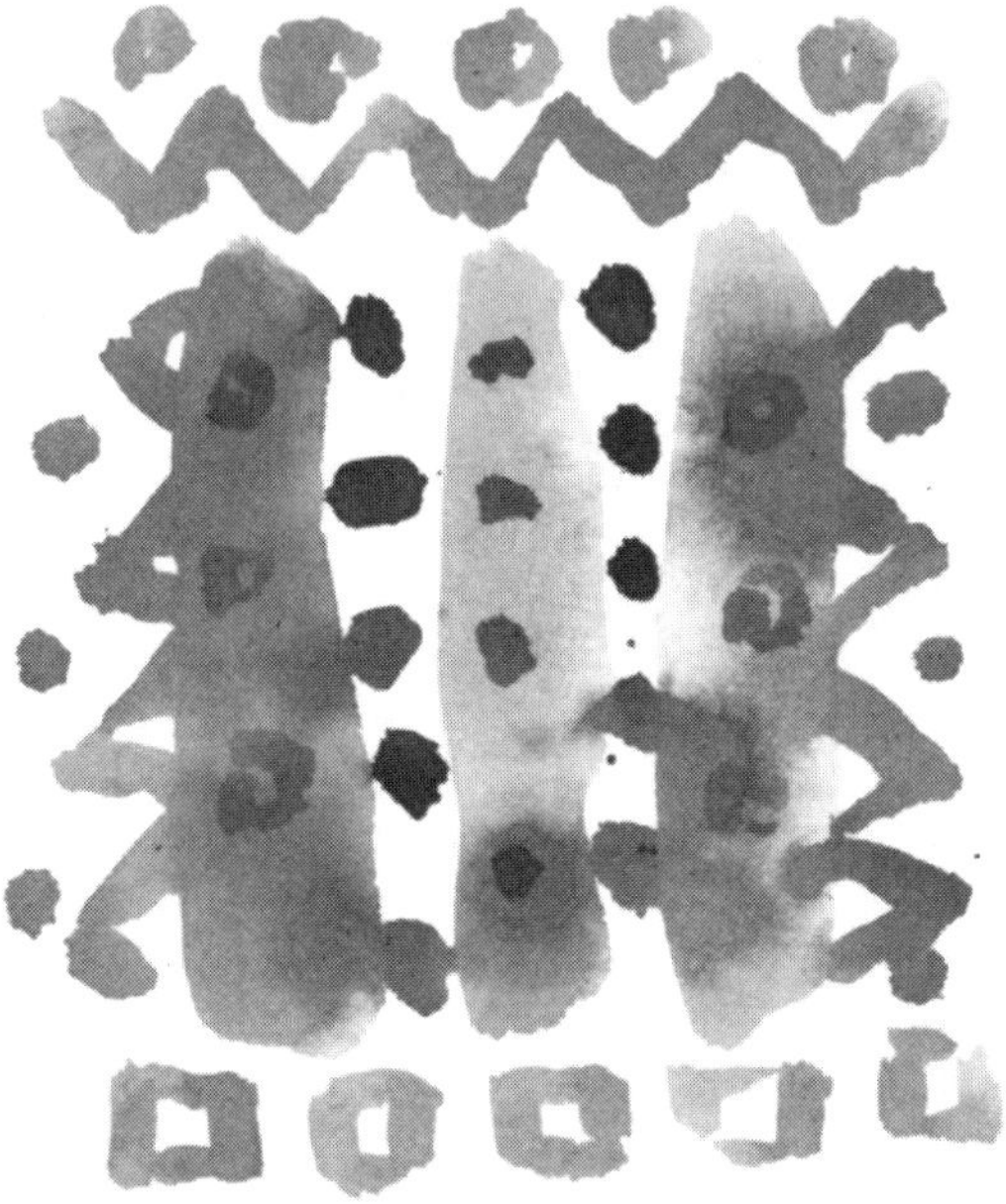

高文研

まえがき

私は一九六九年に私の最初の著書である『生活指導の理論』を明治図書出版から刊行した。そして、いま、四七年後の二〇一六年にあらたに『新・生活指導の理論――ケアと自治／学びと参加』を刊行することになった。

当初、本書は『ケアと自治／学びと参加――生活指導研究試論』として刊行する予定であった。だが、刊行まぎわになって旧著『生活指導の理論』のタイトルを借りて、本書を『新・生活指導の理論――ケアと自治／学びと参加』に改めることにした。

そのわけは、ひとつには、「ケアと自治／学びと参加」が六〇年間にわたる私の生活指導・教育学研究をまとめるにふさわしい言葉であると思ったからである。いまひとつは、それが戦後の民主的な教育・生活指導の実践と研究を継承し、新自由主義的な「教育改革」に対抗する「教育構想」を提示するにふさわしい言葉であると考えたからである。

こうした理由から「生活指導研究試論」という思わせぶりなサブタイトルを退けて、本書を『新・生活指導の理論――ケアと自治／学びと参加』とした。その方が、戦後教育学の学問的な一貫性と私の自分史としての一貫性を示すことができると判断した次第である。

竹内常一

目次

3 生活指導におけるケアと自治

装丁・カバー絵・章扉＝津田 櫓冬
装丁ＤＴＰ＝宮代 一義

〈I〉

ケアと自治／学びと参加

1　Tとの出会いから子どもの自治へ

1「死ね！」「オレが死ねばいいんだろ！」

Tは小学二年のときに転校してきた。そのとき両親から、前の学校ではパニックをおこすたびに保健室に「隔離」されてきたと伝えられた。この学校に来てからも、いさかいが絶えず、暴力に訴え、ものを投げることが続いた。教頭のメモには「アスペルガー的な傾向。前頭葉に血流がいかず、セルフコントロールに難がある。病院で検査も受け、通院もしている〈注1〉」と書かれていた。三、四年でクラス担任をしていた教師に聞くと、パニックを起こすと、ものを投げ、カッターナイフを持ち出して暴れ、手がつけられない。そういうときは押さえつけて隔離し、事情を聞くのだけれども、要領が得られず、周囲にいた子どもたちから聞いても実際のところはなにもわからなかった。

五年になっても、Tの暴力とパニックがエスカレートするだけでなく、他学年、他学級の子どもにも及ぶようになったこともあって、六年になったかれを鈴木和夫が急遽担任することになった。

新学期の二週目に鈴木が教室に入ろうとすると、Tは五年以来のトラブルの相手であったS男とケンカし、黒板ふきを投げ、バケツを持ち上げて投げようとするところだった。

こうした事件は、「不安が強烈になったときは、どんなことがあったかさっぱり見当がつかなくなる」Tのために、これまではTのまたしてものパニックとして片付けられてきた。

ところが、鈴木は当事者ならびにクラスの子どもたちから事の経過を聞き取り、それをつぎつぎと黒板に写して、事実確認を両者からも取り、それらに筋を通して物語にしたてていった。

そのなかで明らかになったことは、ケンカの理由は教室の壁にボールを投げていたS男にたいしてTが注意をしたところ、S男は「パニクるおまえなんかに言われたくないよ、バーカ、死ね！」と言い返した。そのために、「死ね！」の応酬となり、男子が口々にTを非難したために、Tは「そうかよ、おれが死ねばいいんだ！　いなきゃいいんだろう！」と叫んで、「ものを投げる」パニックにおちいったということであった〈注2〉。他の子どもたちもTを追い込んだ当事者でありながらも、当事者意識をまったくもつことなく、すべてをTのパニックのせいにしたのである。

それが確認された後、子どもたちが予想もしなかったことばが鈴木の口から発せられた。

「自分のルール破りを注意されて、『死ね！』はないだろう？　相手が誰であれ、自分に落ち度があったらまず、そのことを謝り、直す。それが社会のルールじゃないか……事件の発端について、誰がまちがっていて、誰が正しいかは冷静になって考えれば、誰だって理解できる。そのことについて、はっきりと『S男がまちがっている！』といった者は誰もいない。それともなにかい、このクラスではルール破りとTのパニックをくらべたら、ルール破りのほうがまだマシなのかい？　……どっちなんだい？」

このとき、Tはキョトンとし、学級の子どもたちも互いに顔を見合わせ、あっけにとられた。それは、鈴木が「おれが死ねばいいんだ！　いなきゃいいんだろう！」と叫んだTの自暴自棄を悲しみ、S男にたいするTの「注意」の正当性を弁護し擁護したからである。また、他の子どもがTの非をはやしたて、Tをパニックに追い込んだことに憤る、これまで出会ったことのない教師の「貌《かお》」をみたからである。鈴木はなににこそ悲しみ、なににこそ憤るべきか語ることで事件の当事者となり、クラスのメンバーとなったのである。〈注3〉

2 「一気に引けば死ぬんだ」「こうすればイチコロなんだ」

TとS男の小競り合いがつづいた四月末に、Tは第二の「大パニック」を起こした。

騒ぎが落ち着いたところで、鈴木は前回とおなじくみんなのまえで事の経緯を聞き取った。そのうえで、それがどのような子どもたちの関係性と子どもたちを取り巻く文化的、社会的文脈のなかでおこったのか、なぜTがナイフでY男を殺すマネに出たのかを「読み解く」ことを提案した。

事件は、Y男たちがゲームを話題にして、どうやったら人を簡単に殺せるかで盛り上がっていたときに起こった。Tはこの話に割り込み、「こうすればいいんだ！」と執拗に言い張ったところ、Y男たちは「この話におまえは関係ないから」と排除した。その直後、Tは刃の出ていないカッターナイフを持ち出し、後ろからY男の首筋にそっと当て「一気に引けば死ぬんだ」といった。びっくりしたY男はTの首を締め上げ、「こうすればイチコロなんだよ」と怒鳴り、「殴り合い」になった。Tはかれから逃げながら、消火器やイスや机を投げつけたが、Y男に捕まりひどい「ケンカ」になった。

「聞き取り」と「読み解き」が終わったところで、鈴木はこのトラブルがなぜ起こり、そのなかでなにが起こったのかを「読み開く」話し合いをすることを提案した。その途端、ふだんなれあっている男子を醒めた目で見ていたM子が机を叩いて、これまで抑え込んでいた怒りを一気にぶつけた。〈注4〉

「人を殺すゲームに夢中になっているなんて、サイテー。人の命をなんだと思っているの？……人を殺すことを夢中になって話していたくせに、Tくんに殺すまねされたら、なにビビってんの！　ゲームのなかだと簡単に人を殺すくせに、そのまねされたら、ビビって……。だったら人を殺すゲームなんか、やめなさいよ」

「毎日社会で起きている事件についてスピーチしたり、イラクの戦争のことについて学習したりして、命について考えてきた。Y男くんもE男くんもTくんも、そのグループのメンバーは討論で『そんな殺し合いや戦争に反対！』なんて、堂々と発言していたじゃない……発言したこととまったくちがっているじゃない。どういうこと？」

M子の批判があまりにも正当であったために、女子の数人が発言したが、Y男たち男子は黙ったままなにも言わなかった。

それに反して、Tは「机に顔をうずめ、頭をかかえて、体を揺さぶりながら」聞いていた。Tの「前頭葉に血が流れて」、人間的な感情が息をふきかえしたのだろうか。そのかぎりでは、M子のことばはTの「暴力をしずめる言葉」であった〈注5〉。

3 「先生はどう思っているんだ。いないほうがいいと思っているんだろう」

放課後、鈴木はクラス討論に報告することを前提にTとつぎのような対話を交わした。

鈴木「きみは、トラブルを起こすと相手が怖くなる？」「だから、相手が向かってこないようにものを投げて、逃げ出すの？」　T（うなずく）

鈴木「いつから？」 T「一年のときから……」
鈴木「自分が怖い？」 T「怖い」
鈴木「どうして？」 T「なにをするか、わからなくなるから」
鈴木「自分が好き？」 T「きらいに決まっている。誰だってきらいだよ。ぼくのことは……」

この対話のなかで、鈴木はクラスでの「聞き取り」と「読み解き」に現れなかった「相手が怖い」と「自分が怖い」という二つのことばをTから引き出した。この二つのことばからTの訴えは想像していた以上に切実なものであったために、鈴木のなかに「揺らぎ」が生じ、Tにおける「私と自己との関係」（Tが自分をどう思っているか）をさらに問うことを避けて、話を友だち関係に振ったのではないか。

鈴木「友だち、ほしいの？」
T「ほしい……。だけど、だめなんだ。全部だめだったから。オレなんか、いないほうがいいんだ。死んでいればいいいんだ」
鈴木「本当にそう思う？」「そうじゃないだろう」
T「じゃ、先生はどう思っているんだ。いないほうがいいと思っているんだろう」
鈴木「そう思っていたら、こうやっておまえと話し合っているかい？」

T　「ちがうのかよ」
鈴木「ああ、おまえのそのパニックやトラブルととことんつき合ってやるから。逃げないし……」

鈴木の問いはTの訴えをさらに募らせた。Tは友だちが「ほしい……」とは答えつつも、「だけど、だめなんだ。全部だめだったから。オレなんか、いないほうがいいんだ。死んでいればいいんだ」と涙声で自分の悲しみを語り、一年のときから不幸の淵にあったと訴えた。かれは一年のときからパニックを繰り返し、その不幸を生きてきたのだが、かれに共感してくれるおとなも友だちもTのまえに現れなかった〈注6〉。

だが、六年になってTは鈴木が自分に関心をもってくれていると感じて、かれを受け入れ、自分の悲しみに注意深くなってほしいと呼びかけ、「じゃあ、先生はどう思っているんだ。いないほうがいいと思っているんだろう」と質したのである。

T　「本当かよ？　絶対逃げない？　捨てない？」
鈴木「ああ、たった一年間だけど、とことんつき合うよ。お前がものを投げつけたり、パニック起こしてもつき合うさ。それをしないですむようになるためにどうしたらいいか、一緒に考えるよ。おまえはそうしなくても行動できるはずだから、絶対。この一年お前は今まで生きてきた自分とちがう自分を探す、それでいいだろう？」
T　「うん」
鈴木「でも、ものを投げない。これだけは約束しろ」
T　「破ったら？」
鈴木「何回でも……。約束しないですむように努力する。そのための約束だ」
T　「何回でも約束するんだね？」
鈴木「ああ、約束しないですむまで」
T　「約束する。約束する。破ったら、また約束して！」

ここで注意すべきことは、鈴木が「今まで生きてきた自分を変えること」をTの目標として提示しているが、Tに具体的に要求し、約束したことは「ものを投げないこと」だけであったことである。その約束の含意は、あとで述べることになるが、「ものを投げて相手に危害を加えないこと」、すなわち「相手の権利を侵害しないこと」にあった。鈴木はこの一点にしぼってTに「自分の生き方を変えること」を要求したのである。

4 「呼びかけ」と「応答」――鈴木のなかの揺らぎ

一般に「出会い」というと、互いに顔を合わせて認知しあうことを意味するが、ここでの「出会い」はそういう表層的な付き合いを意味するものではない。それは、「呼びかけ」―「応答」にはじまる自己と他者の「相互応答」または「対話」を意味している。

これをさきの記録にそくしていえば、鈴木は子どもたちとトラブルを「読み解く」なかで、Tは自分を守るためにイスや机を投げることをとおして、だれかに「呼びかけている」と直感したのである。だから、かれはTに「暴発する自分が怖い？」と問いかけたのである。そして、「自分が怖い」というTの応答を、鈴木は自分にたいする「ヘルプ要求」、すなわち「呼びかけ」と感じて、「友だち、ほしいの？」と問い返したのである。しかし、鈴木はTの呼びかけにストレートに応答したのではない。そのときの揺らぎとためらいを鈴木は次にように語っている。

「Tと対話していると、その対話の危うさに教師である自分が寄りかかって話しているのではないかと感じたことがいく度となくあった。Tのなにを知っているというのか、という自問をくり返しながらTの応答を待ち、その応答をよりどころにしながらまた対話を続ける。続けていくうちに、しだいに自身の教師性を問い、教師としてしなければならないと思われる答えを出そうとあれこれ考えている自分に出会い、それでいいのかと自責の思いに駆られながら、また、教師としての答えをあれこれ考えている〈注7〉」

この文章はねじれているために、理解しがたいところがあるが、まず「対話の危うさに教師である自分が寄りかかって話しているのではないか」ということばに注意しよう。

ここでいわれている「対話の危うさ」とは、非対称的な位置関係にある教師と子どものあいだでは、「対話」は「同情」や「慰め」にすりかわり、「対話」であることをやめることを指している。ということは、教師が対話の当事者から降りることを意味している。

鈴木はTとの対話を開いたのだが、「自分が怖い！」というTのことばにたじろぎ、対話の場から身をそらそうとしたのではないか。教師はいつも子どもに指名され、かれによって生きられている世界に召喚されるのだが、「学校制度」という社会的障壁と、それに規定されている教師の内面にはりめぐらされている「柵」に足をとられて、この二重の壁を越えていくのをためらう自分がいると鈴木が感じたのである。

だが、そうしたことはだれにもあることだ。そのような人間のあり方をリルケは『ドゥイーノ悲歌〈注8〉』のなかでこう歌っている。

さうだ、年ごとの春は　たしかにお前を必要としたのだ。あまたの星が
お前に感じ取られることを　期待してゐたのだ。過去のなかの
大波がたかだかと打寄せて来たのだ。ときにはまた

お前が　開かれた窓のほとりを通つたときに、
ヴァイオリンが身を委ねて来たのだ。これらすべては委託であつた。
しかし　お前はそれを果したか？

鈴木は、この詩にあるように、その委託を通り過ごそうとしたのである。ところが、Tはそれを見透かしたように、「じゃ、先生はどう思っているんだ。いないほうがいいと思っているんだろう」と指摘したのである。そのことばによって、鈴木ははじめて「ぼくが呼びかけたのは『あなた』だ」とTに指名され、「かれによって生きられている世界」に「召喚」されていることを知ったのだ。

だから、鈴木は「言葉にならないなにかをTは一緒に探してほしいと言っているようにも聞こえた。そう聞こえたとき、Tと私の間には世界があると思った」。そればかりか、「それ（その世界―引用者）は、Tの暴力的な表出と私の内なる『国家』＝支配的な権力性、この双方を超えていく世界、そして、双方がもっている言葉では互いに言いあらわせない〈生きづらさ〉を超えていく世界のように見えた」と記している。〈注9〉

かれが先に述べた二重の壁を超えて、Tの呼びかけに応答したのは、ひとつは、Tもかれも「生きづらさ」を抱えていると感じたからである。そして、いまひとつは、Tもかれも生きる困難をもつ「当事者」から困難に挑む「当事者」になるきっかけをつかみ、二人のあいだに「生きるに値する世界」、二人にとって「意味ある世界」がひろがると予感したからである。二人はその生き方・在り方を変えようとしたのである〈注10〉。

清眞人によれば、「その呼びかけによって汝として指名されている自分」、すなわち「我は、つねに現にある自分を超えたところからやってくる我、現にある自分を司る表層的な意識の支配圏を超えた自分の存在のもっと奥底、無意識の世界から名乗りをあげ、立ち上がってきて、その応答をなそうとする我」であるという〈注11〉。

このような自分のなかから立ち上がってくる「わたし」は、相手を「かれ／彼女」、ときには「それ」とみなして、外から対象視するのではなく、相手を「YOU的な他者」、すなわち「あなた」として尊重し、応答するものとなる。

ここにおいて、日常生活にはみせることのない「わたし」という「人間存在」が両者のなかにありありと現れてくる。「出会い」は相互の「存在」をきわだたせ、「対話」・「討論」は両者のあいだに介在していた世界を明るみのなかに引き出し、両者の世界にたいする構え方・向き合い方を変えることを迫り、世界をより意味のある世界に再構築する「当事者」とする。

5 「自分が怖い！」とはどういうことか

ところで、Tの「自分が怖い！」ということばはなにを意味していたのだろうか。

それは、まず自分のなかから現れてくるものが、他者を消したいと思う自分であり、自分自身をも消したいと思う自分であるということが怖いということである。そればかりか、そういう自分がたびたび現れると、自分がキレて、別の自分がはじけ、ふくれあがって、自分を占拠し、ついにはその別の自分が自分になりかわってしまうことが恐ろしいほど怖いのである。中島敦『山月記』の李徴のように、自分が人間の心を失い、人食い虎になってしまうのが怖いのだ。〈注12〉

その意味では、「自分が怖い！」というのは、自分のなかから現れる別の自分が怖いだけではなく、パニックを繰り返すなかで恐ろしい運命に魅入られ、それに向かって走り出しかねない自分が怖い、という意味を、二重にふくんでいる。

だが、裏からみれば、それは自分を消したいというものではなく、他者と呼びかけ・応答を交わしながら平和な交わりをしたいと要求するものである。Tのパニックは、友だちの暴力から自分を守るものであっただけでなく、「怖い自分」から自分を救い出してほしいというヘルプ要求でもあったのだ。Tはパニックのうちにありながらも、「自分が変わる」という怖れからの解放を身もだえして要求していたのである。

そうだとすれば、学級担任としての鈴木の実践課題は、「怖い自分から自分を解放したい」という一人ひとりの子どもの要求を引き出し、それを子どもたちすべての「必要」（ニーズ）にすることにある。いや、その課題は、子どもたちの必要・要求を「子どもの権利」として承認するようにすることにあるといったほうがいいだろう。

Tの二度目の事件があったあと、「自分が怖い」ということばが事件の関係者のなかにひろがっていった。子どもたちが「自分が怖い」ということばでもって、「自分を変えたい」「自分たちのクラスを変えたい」と訴えはじめたのである。

事件の関係者グループの話し合いに加わらなかったY男も、放課後のがらんとした教室にひとり訪ねてきて、鈴木に「自分が怖い」と語りだした。それは「Tとやりあっていたとき、Tの首を締めたことが頭から離れないし、E男たちとなんであんな話をしたのか自問している」「E男たちがTとやりあったY男の『凶暴性』が怖いといって（自分から―引用者）離れていった」というものであった。

それを受けて、改めてグループの話し合いをもったところ、E男も「オレだって怖くなるんだ」と話し、Tはそれにしきりにうなずいていた。その話し合いのなかで、Tを含めたY男、E男たちのグループは「①仲間であること。②トラブっても、ものは投げない。③はずさない。④なにかするときはきちんと話し合う。⑤やった（ケンカ）あとは、根にもたない。⑥悩みがあったら、みんなに話す」からなる「契約書」をつくることになった。

その後、M子の班に引き入れられたTはS男と争うことがあったが、班員たちに鈴木と交わした「ものを投げない」という約束を指摘され、鈴木の立ち会いのもとで署名入りの「ものを投げない」という「契約書」を班に提出した。

それでもS男のチョッカイに怒り、イスを投げる気配をみせたとき、「T、どうした？　話してごらんよ」というM子の声を聞いて、「教室の真ん中にイス投げてもいいか？」と尋ねた。それを聞いてM子が「今から、Tがイスを投げるから、みんなどいて！」と子どもたちに呼びかけると、Tは教室の真ん中にイスを転がすように投げて、自分の席に帰っていった。子どもたちは同じ班員のM男の「Tに拍手」という呼びかけに応えて祝福の拍手をTに送った。

それからTは衝動に駆られて行動するとき、「先生、〇〇していい？　ダメだよね。わかっているよ。わかってるって」と自問自答して行動するようになった。それと平行して、Tは自分のなかに住みこみはじめたM子やM男たちと対話、自己内対話をして、平和な自治的公共をつくりだす生き方を選ぶことができるようになった。

S男との相互に侵害しあう共依存的な関係にあったTは、卒業前にかれにカッターナイフを差し出して和解した。二人は共依存的な関係性から引き離され、それぞれが自分の存在を否認された悲哀の物語を教師や友だちに聞き取られ、それを新しい生き方を選ぶ物語に語りなおしていくなかで、市民的公共・自治的公共をともにつくりあげる親密な関係を結び合えるようになった。

6 「なんでもあり」の自由から「規範創設」の自由へ

ところで、鈴木がこの学級集団づくりのなかでTと約束を交わし、子どもたちに「社会契約」を結ぶことを重視しているのは、直接的にはTと出会い、Tの学級に充満している「なんでもあり」の自由と「なれあい、つるみあい、侵しあう」関係性に直面したからである。そうしたなかでは、子どもたちは他者とも、自分自身とも和解できず、平和でいることができないことを鈴木が痛感したからである。

しかし、かれはTのクラスを担任する以前から「子どもの権利条約」の影響を受けて、教室の壁面に次のような「市民としての自由」を掲示して、それにもとづいてクラスのなかに市民的公共・自治的公共をつくりあげることを自分の教育の意思または教育の目的としていた。〈注13〉

市民としての権利

1　教室の中で私はしあわせで、暖かく扱ってもらう権利をもっています。このことは、誰も私を笑ったり、私の気持ちを傷つけてはいけないことを意味しています。

2　教室の中で、私は私自身であり続ける権利をもっています。このことは、私が黒人、あるいは白人、太っているやせている、背が高い低い、男の子女の子だという理由で不当に扱われないことを意味しています。

3　教室の中で、私は安全に暮らす権利をもっています。このことは、誰も私をぶったり、押したり、傷つけたりしてはいけないことを意味しています。

4　教室の中で、私は人の話を聞き、そして、聞いてもらう権利をもっています。このことは、誰も金切り声をあげたり、騒音を出したり、わめいたりしないことを意味しています。

5　教室の中で、私は、自分について学ぶ権利をもっています。このことは、私が誰にも妨げられることなく、そして罰せられることなく、自分の気持ちや意見を自由に話せることを意味しています。〈注14〉

しかし、新しい子どもの荒れと不登校がひろがり、子どもの発達障害が可視化するなかでは、子どもたちに「市民としての権利」を保障するどころではなかった。だから、鈴木はこれらの条項の意味するところを言葉のうえで教えるのではなく、一人ひとりの子どもの個別・具体的な行動に即して五つの権利の意味することを指導することからはじめた。

だから、Tのクラスを担任した以前のクラスにあっては、鈴木はノブが自分のいやなことをわめきちらすこと、ユータがいろんなカードを持ち込んで遊ぶこと、ヒデにはいじけたいときにいじけていいこと、シュンは毎朝、保健室に行って疲れを癒すことを認めた。しかし、かれらの行動の自由が他者の「市民としての権利」を侵害するものであってはならないことを要求した。ノブには怒鳴りたいときでも授業中はそうしないこと、ユータには遊びたいときは一人で教室を出て行くこと、シュンには保健室にいる子どもや教師に迷惑をかけないことを求め、他者の権利を尊重することを指導した。〈注15〉

だが、それ以上に鈴木が重要視した子どもたちの問題は、さきのY男やE男たちのグループにみられるような「仲良しでありながらも、仲間はずしをし、仲間はずしをされながらも、仲間にしがみつく」傾向である。すなわち、グループの仲良し関係が「なれあい、つるみあい、侵しあう」関係と表裏一体であることである。

こうした関係性の決定的な問題は、子どもたちが「自己と他者との境界設定ができず、他者に侵入したり、他者の侵入を許したりするという自己保護の障害〈注16〉」につきまとわれていることである。こうした「障害」を持つものは、自分は他者と「仲良し」であるから、他者の生活圏域に「自由」に立ち入り、「侵襲」し、他者の権利を侵害する傾向を強くもっている。

そうした関係性は、相互に相手の生活圏域の尊重を前提にして、相互に相手の自己実現に参加する「親密な関係」ではない。それは、「いじめ・いじめられ」や「虐待・被虐待」などの人間関係にしがみつく嗜癖的なつながりであり、共依存的な関係である。それは、「他者の他者性」を認めず、他者を「ＹＯＵ的な他者」として発見することを許さない関係性であり、だれもが「市民としての権利」を有することを否認する関係性である〈注17〉。

鈴木は、こうした関係性と心性の克服なしには、「市民としての権利」にもとづく「市民的公共」も「自治的公共」もつくられることがないと考えて、新しい班と学級集団の編成に当たってつぎのような方針を提起した。

今、みんなに必要な集団は、**「よそよそしさ」**のなかで、一人ひとりがどのように手をつなぎ、生活と学習を助け合っていくか、ということ。**よそよそしい**関係だからこそ、みんなが人としてつながるために必要な作法とルールをつくり、それにしたがって生活し、**「親しさ」**というものはどういうものなのかを検討し、必要であれば、その関係やルールさえも変えていくこと。そういう**よそよそしさ**をベースにして班をつくる。〈注18〉

ここで鈴木がいった「よそよそしさをベースにして班をつくる」、そのうえで「親しさというものはどういうことか検討する」という提起は、多くの教師たちには理解しがたいものとして受け止められた。なかには、「親しさ」の反語的な表現であると肯定的に理解したものがいたが、それが互いに他者の生活領域に侵襲しあう「なれあい、つるみあう仲よし関係」を超えて出るためには、他者と一定の距離をとる「よそよそしい」関係、いいかえれば、権利と責任に裏打ちされた自己と他者の関係がつくりあげられねば、子どもたちの関係性は市民的公共性に開かれた「親密なもの」にならないという鈴木のラディカル（根底的）な提案であることを理解したものはそう多くはなかった。

それはともかくとして、こうした鈴木の提起に応えて、後年にクラスの各班はそれぞれつぎにみるような班の「憲法」「ルール」「法」を討議し決定した。

［1班憲法］

1．差別やいじめにつながることはしない。（きつく言わない！） 2．全員が発言できるように助け合うこと。　3．授業中むだ話をしない。　4．わからないことがあったら、やさしく説明しあう！

［2班のルール］

1．いじめがあったら注意する。　2．明るく学校にこれるようにする。　3．なれあわないように気をつける。　4．班会議で人の意見を受けとめる。

［3班ふう法］

1条：人をうやまい、やさしく接する。　2条：人がいやがる言葉はいわない。（中略）7条：人ときちんと向き合う（無視しない）。　8条：自分のいいたいことは最後まで主張する。9条：班員の意見を取り入れる。〈五つの権利（「市民としての権利」—引用者）を守る。[注19]〉

これらをみると、子どもたちは学級崩壊のなかで体験した「なんでもありの自由」、「なれあい、つるみあい、侵襲しあう」関係を破棄して、「規範創設の自由」を行使して「市民的公共」・「自治的公共」を作り出すことになったということができる。[注20]

7　生活指導における「学び」の発見

鈴木の「Tという子と子ども集団づくり」という記録は、ひとりの子どもとの出会いを契機にして、暴力を超えて平和な世界を意識的に追求する子どもの自治をつくりあげた生活指導・集団づくりの実践記録であるが、それにつきるものではない。それは別の面からみると、それは生活指導・集団づくりにおける子どもたちの「学び」の発展の記録または『学びと参加』の記録でもあるということができる。

なぜなら、この実践過程をリードしているのは出会いと対話・討論からなるつぎのような「学び」である。

①子どものたちのなかの暴力的な事件の事実関係の「聞き取り」。

②自分たちの争いがどのような関係性や社会的文脈から起こっているのかを「読み解く」。

③その関係性や政治的・社会的・文化的な文脈が誰の、どのような要求を抑圧し、封じ込めているのか、言い換えれば、誰のどのような要求を社会的に公認されたニーズ（必要）とするのかの「読み開き」。

④その取り出された要求・ニーズにもとづいて既存の自分たちの関係性や文脈を壊し、つくり変える「書き換え」。

このなかで鈴木が子どもとの「出会い」を重要な契機としているのは、それなしには既存の教師―生徒関係を転換し、教師を子どもとともに学ぶ主体に転生させることができないからである。また、それなしには、子どもを学ぶ主体として対話・討論の地平に登場させることができないからである。

こうした教師―生徒関係の転換があってこそ、はじめて「学び」は子どもたちを問題状況に組み込まれた「当事者」から、問題状況に挑戦する「当事者」に変身させるものとなるのである。その意味では、「学び」は子どもたちを現実世界の変革に誘うものであるといってよいだろう。

鈴木はこの実践を総括するに当たって、生活指導・集団づくりの過程そのものが「学び」の過程であったとつぎのようにのべている。

実践記録「Tという子と子ども集団づくり」には、〝学び〟を象徴する「授業」場面は出てこない。しかし、子どもたちが必要としている〝学び〟は、授業に限定されない。子ども同士の関係、関係性を読み解き、その社会的文脈を検討し、自らが生きづらい世界を変え、自分自身を取り戻していく過程そのものが〝学び〟なのだ、と思うのである。事実、Tとともに学級生活を送った子どもたちは、Tにたいして「暴力をしずめる言葉」を与え、与えると同時に、Tをとおして自らの暴力性と社会の暴力を告発している。そうすることをとおして、子どもたちはこれまでの自分たちの世界を規定していた生活文脈を壊し、新しく創り出そうとした。〈注21〉

このような実践的な試みは、「生活指導によって知識伝達の狭義の学習指導を人間形成のための広義の学習指導に組み替える」という戦後生活指導運動の初志を引き継ぐものであると同時に、新しい「学び」の概念を提起するものであった。

【注】

1　鈴木和夫『子どもとつくる対話の教育』(山吹書店、二〇〇五年)一一〜一二頁。鈴木とTとのかかわりは同書第Ⅰ部「子どもの生きづらさと向き合う――生活指導」のなかの「実践記録　Tという子と子ども集団づくり」による。引用文は重要なものだけ頁を示すことにした。

2　S男とTとの関係は、それぞれの「生きづらさ」――自分の存在を無視され、否認された「悲哀感情」のはけぐちを相手に対する暴力的行動に求める共依存的関係、ないしは悲哀感情をそらせるために目先の満足にのめりこむ嗜癖的なつながりであって、「親しさ」「親密」とは対照的なものであった。これについてはアンソニー・ギデンズ『親密性の変容』(而立書房、一九九五年)を参照されたい。

3　鈴木はここで子どもたちを「叱った」というよりは、「なににこそ悲しみ、なににこそ憤るべきか」を「からだ」と「ことば」でもって「教えた」といったほうがよい。「学び」の重要性が一方的に強調される向きがあるが、子どもたちの表情が示しているように、かれらはこのようなものの見方、感じ方、考え方に出会ったことも、経験から学んだこともなかったのではないか。その意味では、この鈴木の行為は「学び」の課題を提起する「教え」であったといってよい。

4　「聞き取り」「読み解き」「読み開き」、そして「書き換える」は、鈴木実践をつらぬく「学び」のキーワードである。「読み解く」「読み開く」「書き換える」については、鈴木は前掲書の「第Ⅱ部―3　子どもの生活世界と授業」のなかで暗示的な説明を行っている。この鈴木の用語法に火をつけたのは、おそらく全生研全国委員会(二〇〇四年一一月開催)での竹内提起であると思われる。そこで、竹内は認識論の言語論的転回に触れ、現実認識を「読み解く」「読み開く」「読み破る」ものとしてとらえる必要を主張した（講演記録は竹内の手元にある）。
5　大江健三郎「暴力をしずめる言葉」（『朝日新聞』二〇〇三年九月一一日夕刊）からの引用。
6　この鈴木との対話でTは、暴力とパニックに彩られている「物語」を、自分の存在が否認された悲哀感情に充ちた「物語」として語りなおしたことに注意すること。
7　鈴木、前掲書、六〇頁。
8　リルケ『ドゥイーノ悲歌』（筑摩書房、一九七八年）五頁。
9　鈴木、前掲書、六二頁。
10　学びにおける「自己と他者」「対話」「相互性」「当事者性」ということばもまた、鈴木実践における「学びと生活指導」のキーワードである。
11　清眞人『経験の危機を生きる』（青木書店、一九九九年）七五頁。なお、「我」と「汝」については、ブーバー『我と汝・対話』（みすず書房、一九七八年）を参照されたい。
12　子どもたちは少年Aのなかから「酒鬼薔薇聖斗」が現れたように「自分が怖い！」のである。
13　鈴木は全生研大会第四二回大会基調提案「平和的な生き方にひらかれた自治と学びを創ろう」（二〇〇〇年）の執筆者として、「市民としての権利」を紹介し、これに依拠して生活指導と学級集団づくりをすすめていくことを提案している。
14　アメリカの公民権運動の影響を受けて、ワシントン州オリンピア市の学校が子どもに提起している権利文書。深谷昌志『孤立化する子どもたち』（NHKブックス、一九八三年）を参照されたい。
15　さまざま問題を持つ子どもの行動を教師が私的に許すことは校内暴力の時期からあったが、これほどの多くの子どもにたいして他者の権利を侵害しないことを条件にして、「学級秩序」に反する「自由」を教師が公認した例は、私の知っているかぎりではこれがはじめてである。こうした試みが重なるなかで、本書Ⅲ—1で紹介する北山昇のいう「教室から飛び出す自由と（教室に）

戻る権利」が学校の深層において黙認される機運が生まれつつある。そのなかで、「強制・義務教育」から「自由・権利教育」への転換が進んでいるのではないか。

16　斎藤学『魂の家族を求めて』(日本評論社、一九五五年）一二〇頁。

17　前掲したギデンスの『親密性の変容』は、近代が生み出した「友愛」とか「親密」とかいわれる関係性が、後期近代になって「共依存」とか、「人間関係嗜癖」とかいわれる関係性に変化したと論じているが、学級の底辺に突き落とされたS男やTに見られるような関係件もこうした人間関係の変容の一環を示している。しかし、日本的な「和」を強調する社会思想には、もともと「和」とか「きずな」とか「つながり」のなかに「なれあい、つるみあい、侵しあう」志向性があったことは否めない。

18　鈴木、前掲書、三六頁。ただし、カギ括弧とゴシック文字は引用者による。

19　学級通信『かたつむり』第七六号、二〇〇八年一月三一日による。

20　「なんでもありの自由」に対置されている「規範創設の自由」については、本書Ⅲ—3「生活指導におけるケアと自治」を参照されたい。

21　鈴木、前掲書、六六頁。

2　川と対話する子どもたち

防災の為とはいえ、行きすぎた河川改修工事のために、あそび場を失い、川から隔離された子どもたち。結果として、子どもたちどうしのかかわりはうすくなり、消費主義がまかり通るようになる。荒れた生活。こうした状況を川遊びの復活と川をめぐる学びのなかで修復していく。そのなかで子どもたちは自分たちの人間関係を変えながら、地域の現実と対面し、川について意見をぶつけ合う。そうして新しい地域の地平を拓いていった少年期の物語〈注1〉。

1　地域の川の変貌と子どもの生活の空洞化

二〇〇〇年ごろから七山《ななやま》の川の総合学習に取り組んできた中野譲は、子どもたちと夏になるとスリリングな川遊びをはじめた。岩のすべり台をすべり落ちると、適当な深さの淵があり、落下のクッション役をはたした。「途中、大きな淵があり、五メートルほどの岩場からとびこんだりする。鮎にふれたり、アカバエ（カワムツ—引用者）とぶつかったりもする」。そのころの子どもたちは川遊びに魅了されていた。

しかし、その後の数年間で子どもと川の付き合いは大きく変わり、川を友として遊んでいた子どもたちは川から離れはじめた。

そのわけは、根本的には後に明らかにされる地域の貧困化に由来するが、直接的には地域の「七山」の川が次から次へと計画・施行された河川工事と親水公園化によって大きく変わったからである。上流のゴルフ場建設中に台風が直撃し、土石流が生じ、死者が出た。そのために災害対策と銘打って、コンクリートブロックで川岸を固めたり、川床まで自然石をコンクリートで固定させる工事が頻繁に行われたりした。それと並行して親水公園化計画が進行し、自然護岸までこわして、きれいに自然石をならべる工事が急ピッチで進んだ。

それに、学校区が統廃合のために広域化し、学校と家庭のつながりが断ち切られるなかで、子どもたちは授業ではきちんと坐って（坐らされて）はいるが、反応がなく、自由にものをいうこともできず、かかわりあいの薄い学校生活をしていた。

そのなかに、てんかんの「けん」、校区の端から通学しているために人と交われないでいる

「えみ」、授業中「頭が痛い」としきりに訴えて保健室に退避する「けいし」、潔癖症の母をもち、友だちにきつい「みえ」などがいた。

中野はこのような急激に進む地域と子どもたちの変化に直面するなかで、数年前の子どもたちが原体験としてからだに刻み込んだ川あそびをいまの状況にあったものに組み直し、つぎのような課題を追求することにした。

それは、①自然から切り離された子どもたちにいま一度その関係を回復させ、人と人との充実したかかわりのある少年期を豊かにつかませたい、②そのためには学校生活の大半を占める授業を、子どもたちの身体と五感を対象である川にぶつけ、活動と学びをリンクさせたものにすること、③学びと活動が子どもたちの地域生活をみずからの手で組み変えるものとし、かれらの関係を響き合い、つながりあうものに発展させること、④そのなかで異質と思われている子どもとの出会いの場がつくられ、他の子どもたちがその子どもたちと共鳴・共感し合うことができるようにすること、の四点にまとめられている。

2　子どもたちの関係づくりが川の意味を変える

そのために最初に取り組んだのは、川遊びをとおして子どもと子ども、子どもと川を出会わせることであった。そのなかで子どもたちは「からだ」を介して川に働きかけ、川から反応を被ることになった。

その例をひとつあげておこう。子どもたちは最初は、あるものはこわごわ足を川にいれたり、他のものは石を積んだりしていたが、潔癖症の「みえ」は友だちの手をつかんで川に入ろうとはしなかった。

しかし、二度目の川遊びで、かれらは自分たちが編成した班で魚とり競争をする段になると、やる気のある子どもを中心に子どもたちはそれぞれ持参した道具を使って動きはじめた。「みえ」の班は石で追い込み口をつくり、「みえ」たちに請われて班に加わることになった「けん」が上流からバシャバシャと走り、魚を捕る作戦に出た。ところが、「けん」が突進しすぎて石が崩れ、みんながのっていた足場が崩れ、川のなかにしりもちをついた。「みえ」は「キャー！」と叫び、動けなくなったが、やがて「あっ何だかこそばいね」「川が動いている」と話し出した。「けん」が「みえ」のそばに行き、川のなかにからだをふせてねそべった。それをきっかけに子どもたちは歓声を上げて川の流れと逆方向をむいて鯉の滝登りのようにねそべった。

当初は偶発的な行動であったが、川は一人ひとりのからだとかれらの友だち関係に確実に反応することによって、その行動は「働きかける―働きかけられる」という実質をもつようになった。それは一回限りの偶発的な「体験」ではなく、かれらにとって意味のこもった「経験」となったのである。

川遊びの経験が繰り返されていくなかで、子どもたちはその相互交流のなかで自分たち固有の川のおもしろさ、その意味に気づくと同時に、みんなに共有される川の意味を立ち上げていく。その意味が自分たちのどういう関係行為から生じたのか、また、それはどのような事物の関連から生じたものであるのか知るようになった。

そのなかで、子ども一人ひとりが個性ある存在として現れると同時に、経験を共有する存在としても現れる。かれらを分断していた障壁が取り払われ、かれらは互いに異質でありながらも共同的な関係を取り結ぶようになる。

そうなるにつれて、かれらのなかに〈自己と他者〉との対話、〈自己と他者〉との相互交流がひろがり、それがこれまで無意味な川を意味ある川に変える。それをよそよそしいものから親しいものに変える。川は子どもたちによってよみがえらされ、子どもたちに語りかけるものとなる。川は子どもたちにとって意味ある「生活世界」となったのである。

子どもたちは川遊びをとおして、水害防止と公園計画のために工事されている川とは異なる、いまひとつの自分たちを幸せにする川があるのを感知したのだ。それが子どもたちの川遊びの歓声となって川面にひびきわたり、それに驚いて集まった住民たちの興味と関心をひきつけた。

3　子どもたちが発見した川と親たちのなかの川の「痕跡」

しかし、班対抗の魚とりの成果がたった三匹という貧しいものであったために、かれらはなぜ川が魚の棲めない川となったのかという問いを抱く。かれらは川遊びの経験のなかで明らかにされた川と魚の関連（たとえば川を踏み荒らすと、川は底にたまった泥で赤く濁る。そんな川には魚が棲まないのではないか）を反省的に考察することへと導かれ、かれらの体験は反省的な経験へと発展していった。

また、子どもたちは川遊びの喜びを親たちに語ると同時に、親たちにその昔に川遊びをした川がどういうものであったのかを聞き取りはじめた。それに応えて、住民たちは胸の奥にしまいこんできた川の「痕跡」、そのイメージを呼び起こし、子どもたちと魚とりや魚釣りをするもの、昔の川と魚たちについて語るものが現れた。

それをきっかけに、子どもたちは上流から下流までの地域の住民からの聞き取り調査（リサーチ）をはじめた。そのなかで住民たちは、昔の川遊びの経験が子どもたちの川遊びの経験よりもはるかに豊かなものであったと語った。

「『鮎の里』の少し上流では、鮎が群れをなし、上からみるとまっ黒に見えた。うずをまくようにして泳いでいた」

子どもたちは住民たちの語りを聞くなかで、住民のなかに「痕跡」として残っている川が、自分たちが川遊びをつうじて引き寄せた川に近いものであることを知ると同時に、工事され公園化された川は魚や生きものの棲まない貧しい川であることを知った。

そのなかでかれらは、これまで住民に守られてきた川は住民に恵みをあたえていた川であったこと、それにひきかえいまの川は親水公園として人工的に構築されたものであり、それが川と魚たちの関係を貧しいものにしていることをつきとめた。かれらはいまの川の現実を問いなおし、それをつくりなおす必要があること、そのつくりなおされる川は住民たちのうちに「痕跡」として残っている川、かれらが自分たちの手で引き寄せた川に近いものでなければならないことを洞察した。

つまり、かれらはいまある川を「否定」「解体」して、それに代わる川を「発明」「創造」すること、つまり「脱─構築」することが必要であることを知ったといっていいだろう。

子どもたちは、ひきつづき昔の川がいまの川にどのように変わったのかを地域班をつくって聞き取り、昔の川の写真などを集めた。それに応えて住民もまたすすんで語りはじめ、集められた写真は川の年代記を示した。川は住民たちの口と写真をつうじて川の変貌とそのわけを語りだしたといっていい。川遊びにはじまった川との相互交流は、聞き取りを介して川との「対話」となった。

4　学びの中断・空白・挫折をどう超えるか

そのなかで川の変化のわけは、第一に、土石流を防ぐ目的で護岸や川床をコンクリートで打ち固め、それに公園化計画が重なったためであることが明らかにされた。第二は、コンクリートで川床を打ち固めたのは川の修復費を安くするためであったこと、言い換えれば、川を元通りにするためのお金がなかったことにあった。そして、第三は、「まな」がお父さんからもらったつぎのような手紙をみんなのまえで読んだことからわかった。

私が娘から「何でコンクリート護岸ばっかりすると」と尋ねられた時、すぐには答えられませんでした。どこまで子どもに伝えた方がよいのか、考えたからです。

でも、子どもといえども真剣に学習している姿をみて、本当のことを伝えねばと思いました。

そして次のように言いました。

コンクリートはお金の問題もあるけど、関係のないところまでやりすぎるのは、別の意味があるんだよ。それはこの村に、働く場所をつくるためというね。

子どもたちはこの手紙にことばを失った。その話は自分たちの貧しさを変えるために、役場をとおして川の改修を会社に委ねた結果、川と地域はより貧しくなったと語るものであると同時に、その責任は自分たち大人にあるという自己批判も含むものであった。だから、子どもたちは自分たちの聞き取りが親たちを苦境に追い込むことになっていると感じて息をのんだのではないか。

このような危機はつねに学びのなかに現れ、そこで学びが中断され、最後には挫折してしまうことがしばしばある。

中野と子どもの学習リーダーたちは、この危機を「コンクリート護岸は仕方ない」派vs「仕方なくない」派に分かれて討論会をすることで乗り越えようとした。

「仕方ない派」（一〇人）は「村の安全性／財政面での苦しさ／大人の人がわざとやっているのではない／村の仕事は生活の上で大事」と主張した。

他方、「仕方ないでは済まされない派」（二〇人）は「川の魅力減は村の魅力をなくすことにつながる／ぼくたちのあそび場は必要だ／関係のないところまでするのは自然破壊だ／村にちがう働き場をつくる努力をすればいい／コンクリートをはがせば、また働く場所ができる」と主張した。

この討論会は一見ディベートに似ているが、そうではない。というのは、それは議論して争うものではなく、一人ひとりが自分の考えを整理するためのものであり、「私と私の知らない私」との、「私の知らない私とあなた」との出会いを組織し、そのなかで新しく現れてきた「私とあなた」を相互評価・自己評価するものであったことに注意しよう。その意味では、討論会は子どもたち一人ひとりが固有の意見を述べ、その複数性を保障しながら、協同行動を可能とする方途を探し出し、学びの空白を超えていこうとするものであった。

このような討論のなかで、中野は、子どもたちのあいだに理想を追求する関係をつくりだすこと、それをつうじて学びの中断を越えて、子どもたちの川のイメージ、川の意味をより豊かなものにつくりあげようとしたといってよい。

そのなかで私が注目するのは、「コンクリートをはがせば、また働く場所ができる」という意見と、そこから導かれる、「自分たちで安全で魚のすめる護岸を設計しよう」「そうすればその護岸をつくる工事だってできるし、働き場もできる」という結論までの流れである。

前者に注目するのは、「コンクリートをはがせば、また働く場所ができる」ということばにみられるように、川への住民の思いを暴力的に排除して、権力的に構築された川を、さながら「脱原発」とおなじように、「脱―構築」しようという提案である。

それは、原発事故をきっかけに市民が原子力発電という現実を構築してきた科学知識ならびに科学的な知のあり方、その「科学主義」信仰を問題化したのとおなじく、この川を構築してきた科学知識や社会工学や政策科学などの知識ならびに知のあり方に「ＮＯ！」を突きつけるものであった。しかも、それは「コンクリートをはがす」ことは「破壊的な仕事」ではなく、「創造的な仕事」であるという主張を含んでいた。〈注2〉

これが呼び水となって、「後者」のような意見、すなわち、自分たちの知と力を結集し、魚の棲める川、それだけではなく「創造的な働き場」を生み出す川にすることが子どもたちの意見となった。

その意味では、この子どもたちの志向性は川の「脱―構築」から川の社会的な再構成へと移っていったといっていいだろう。

5　川の社会的再構成へ

その「社会的な再構成」は、権力的に構築されてきた川を補修・修復する程度のものではない。なぜなら、それは役場と会社によって構築されてきた川の脱構築を経過してきたものという実質をもったものでなければならないからである。

したがって、それは、①いまもなお権力的に構成されている川とは異なるものであること、②住民たちのなかに「痕跡」として残っていた川、子どもたちが川遊びで引き寄せた川を原像とするものであること、③住民たちの願いや経験や意見を排除したものでなく、子どもをふくむ住民の願いや経験や意見に立脚したものであること、④いまの川を構築した知識ならびに知のあり方とは異なる知識ならびに知のあり方に支えられたものであること、という条件を満たすものでなければならない。

子どもたちは川の危機的な問題状況に参加し、それを社会的に再構成するために、次のような「川救出大作戦」を展開した。

第一に取り組んだことは、川の再構成のよりどころとなる知識に当たり、それを導く知をつくりだすことであった。中野が差し出した資料で学習した子どもたちは、「ドイツではここ数年、人の手によって作られたコンクリートで固められた護岸をとりはずし、自然に近い状態にもどす試みがされています」「スイスでは……川はできるだけ自然の状態で生かそうと考えています。／洪水の考え方も、人にひどく悪い影響がおよばなければ自然のできごととしています。水害は川のきたないものを洗い流してしまう、洗濯の役わりもしているみたいです」という記述があるのを発見した。

そのなかでも、子どもたちに興味深かったのは、「水害が川の洗濯の役割をしている」という記述であったのではないか。というのは、それは人間が川をねじ伏せるのではなく、川と共生することを原則にして、川を社会的に構成するものでなければならないとかれらに教えるものであったからである。

第二は、川に関心をもち、川を調べている住民と学びのネットワークを組み、かれらと水質検査をすすめ、その知を分かち合い、協同して川の社会的構成に参加するようになったことである。その場合、かれらは先に獲得した新しい討論のしかたに依拠するとともに、それを発展させていった。

第三に、かれらはこれらを踏まえて、つぎのような質問を役場に提出した。「①何のためにブロックやコンクリートの護岸をつくりましたか？　魚や生きものにとってそれはすみやすいものですか？　②魚や生きものにとってすみやすいようにどんな工夫をしていますか？　③子どものあそび場についてどう考えていますか？　④自然の川に少しでももどそうとしているのですか？」などであった。

そのなかで、子どもたちは自分たちの質問に共感的に応答してくれる漁協の人たちのような人もいるが、同時に、応答することなく逆質問する教育長のような人もいることを知った。

第四に、子どもたちは小学校の文化祭で「メッセージ・魚と子どもたち」の上演、村民文化祭では「森と洪水、魚」という展示活動に取り組んだ。だが、これらは単なるプレゼンテーションであるよりも、彼らの住民に対する意見表明であり、かれらの社会参加であった。その後、かれらは「川と自然を考える会」を結成し、川下りをはじめる。「玉島川リヴァーウォッチング」を組織し、それをつうじて川のイメージと意味を大きく転換・発展させていった。

このようにみてくると、子どもたちを中心とする地域の人たちは、①子どもと子どもの、子どもと親との、子どもと住民たちとの「出会い」「出会い直し」を重ね、相互応答的な関係を深め広げ、②そのなかで自分たち一人ひとりのうちに幸福追求の志向性を育てあい、③その話し合いとアクションをつうじてこれまでと異なる川を中心とする生活世界をつくりだしていく可能性をつかんだということができる。

つまり、子どもたちは相互の関係をつくりかえることのなかで、地域の当事者主体である自分を取り戻す「自分つくり」をすすめ、貧しい地域を幸福な地域へと脱構築・再構成する「世界つくり」の可能性をつかみとったのである。それがかれらの「学びと（社会的）参加」であり、「(世界の）構成的関与としての学び」であった。

そして、その学びのなかで子どもたちは「幸福」につつまれた〈注3・4〉。

【注】

1　中野譲「川との語り合い」(『生活指導』二〇〇二年九月号)。この実践にかかわる記録として「とばない鳥たちとの最後の授業」(全生研常任委員会編『学びと自治の最前線』大月書店、二〇〇〇年)がある。引用は主として前者によるが、一部後者によるものがある。

2　ここに見られるように、八〇年代以降、意欲的に展開された総合学習のなかには、「原発問題」と構造を同じくする地域開発を批判する総合学習が数多く生み出された。そのなかから提起された「科学主義信仰」と「安全神話」に対する批判はいま進められつつある原発学習のなかにもひきつがれなければならないだろう。

3　この実践記録を検討したものに、竹内常一「関係の転換と意味の転換」(『生活指導』二〇〇〇年六月号)があることを付記しておく。

4　中野の証言によれば、二〇一〇年代には地域の貧困化はさらに進み、この記録に登場した子どもたちに働く場を提供できる企業は、河川工事に関わった会社一社のみとなった。私に地域の荒廃の速さを話した中野の本意がどこにあったか推測できないが、そういう状況にあっても、中野は「荒れている」子どもたちとともに「荒れ果てた」土地を開墾し、野菜つくりに取り組んでいる。そのなかで、子どもたちは野菜畑つくりというかたちで「魂の故郷」というに値する「ユートピア」を創っているのではないかと私は思う(中野譲「子どもたちとともに、あたりまえの生活を創造する」『生活指導』二〇一五年八／九月号)。

3　隆信が孫悟空を演ずるまで

1　隆信という中学生

幼児期（隆信によると五歳頃まで）は実の両親と暮らしていたが、父親の家庭内暴力が激しかったようだ。母親に対しても本人にも暴力をふるい、「なんでやられるのかわからない」（本人）暴力にさらされている。ほぼ虐待と考えていい。五歳頃に父親は家を出る（離婚）。その後就学前には現在の義父と生活していることから、母子だけでの生活は短かったかもしれない。就学後、学校生活で多くの問題が発生していたようである。（中略）

隆信が四年生ごろに、母親が泊まり込みの仕事につき、土日だけ戻ってくる。父親は夜勤と日勤の入れ替わる勤務である。一人でいる時間が多くなる。このころ、子どもの世界では彼と放課後に遊ぶものはいない状況であった。授業が終わって遊び相手を探していたが、だれも相手にしなかった。仕方なく遊んだのが同じく子どもたちの世界では相手にされない子どもたちである。そのなかで様々なトラブルを起こし、そのたびに担任に指導を受けるが、仲良くなりたい相手でもないから指導は入らない。担任との関係も悪化し、ナイフを向けたこともある。〈注1〉

中学進学後も、隆信は一年から二年のはじめにかけておなじようなトラブルをくりかえしてきた。友だちとのいさかい、授業中のおちつきのなさ、プチ・エスケープ、他の教室の授業に入りこんでの教師とのトラブル、金銭強要問題などなどである。

かれの担任となった高木は、「自分が学校のなかで守られている」という感覚がもてることを基調にしてかれにかかわってきた。そのために、いつも悪者扱いばかりされてきた小学校とはまるで異なる学校環境をかれは経験することになった。

高木は教職員のケース・カンファランスでくりかえし隆信の行動を提起して、かれをどう理解し、どう対応したらいいかを問題にしてきた。だから、かれが教師とトラブルを起こしても、教師たちは小学校のときのようにかれを非難・排除することがなくなった。

また、義父とのかかわりにおいても、高木は「始めのうちは、怖いからお父さんの前ではいい子でいるのかなと思っていました。どうもちがいますね。おそらく捨てられる恐怖からではないですか？　お父さんのことは好きだし、尊敬もしています。お父さんが家を出て行かれたら自分の生活はがたがたになることを知っていて、それを怖がっているみたいですね」と話している。義父が家を出ようとしたとき、かれは義父の足にしがみついて、出ていかないでくれと叫んだこともわかってくる。そんななかで義父と「少なくても中学校卒業するまでは見捨てないでください。私たちも見捨てませんから」という約束が生まれた。

さらにまた、クラスにおいても、高木はあいつぐ隆信のトラブルを取り上げるなかで、クラスのなかに「紛争委員会」をつくり、なぜ殴られたのかわからないという生徒たちをケアするとともに、隆信とかかわることができる生徒たちをつくってきた。だから、子どもたちが隆信が引き起こすトラブルの被害に遭っても、それを親たちが問題にすることがなくなった。

このような高木の学級担任としての在り方は、子どもの事実にそくして家庭・学校・学級の在り方を再組織し、つなぐものである。かれの立ち位置はソーシャルワーカーのそれに似ているというよりも、そのものであった。なぜなら、その仕事は、困難にある人と社会との、また他の人びとや他の集団とのあいだに介入して、社会関係資源を当人にむけて組織し、かれのエンパワーメントに関与・参加していくことにあるからである。

その意味では、かれは学校と社会と世界を代表する大人として隆信にかかわり、かれに信頼しうる「重要な他者」として受け入れられていったということができる。虐待されてきた子どもは大人を「安心できる、統合性をもったケアテーカー〈注2〉（世話をする人―引用者）」としてイメージできないといわれるが、高木はかれのなかにそのような内的イメージを生み出す外的な存在として現れはじめたのである。

2　学級生活のなかでの高木と隆信

だが、治療者が「重要な他者」として被虐待児に受け入れられはじめると、治療者は被虐待児が経験してきた暴力と被暴力の再演にさらされ、甘えと怒り、依存と攻撃、約束と約束違反などの外傷性転移反応にさらされる。そのために、治療者自身も深く傷つくという外傷性逆転移反応を被り、良質の治療関係を発展させることができないことがよくあるといわれている。

実際、教師のなかには、この転移・逆転移反応のためにこれらの子どもに「侵襲」され、疲れ果てて、深い傷を負って職を辞するものも少なくない。それも、「良心的」とも「人間的」ともいわれてきた教師ほど深く傷ついて退職していったといわれている。

これに似たことが、高木と隆信のあいだにおいても繰り返し起こっている。隆信は、高木と繰り返し約束しては、それを破棄することをつうじて、高木が信頼できる他者であるか確かめる「試験観察」にかけている。

思春期にある子ども・若者が対他関係のトラブルを親との関係に集約し、親と争うことを介してこれまでのトラブルの解決を図ろうとすることがしばしばあるが、それとおなじく隆信もまたこれまでの対他関係のトラブルのすべてを高木に焦点化することをつうじてそれから脱しようとしていたようである。しかし、高木はかれの「チョッカイ」にいちいち引き回されることなく、隆信にたいする自分の方針を維持し、かれに対応してきた。そうしたかかわりをつうじて、隆信のなかに刻み込まれた「被虐待」というトラブルを解き、それからかれを自立させようとしていたのである。

これが一年から二年一学期までの隆信にたいする高木のスタンスであった。かれは、それを教師の「ケア」を中心とする取り組みであったといっている。

だが、これが本記録の主題ではない。その主題は、二年の秋のクラス演劇をきっかけにして、クラス活動を協同してすすめる自立した生徒にかれを変えるという方針をとった高木との関係のなかで、隆信が揺れながらも「被虐待児」から抜け出していったことにある。

まずその変わり方からみると、ひとつは、かれがこれまでの「100か0か」という生き方、「被虐待児」にありがちな「無力感と幼児的万能感」の交替から脱したことである。[注3]いまひとつは、かれが高木との関係を「拒否」して、クラスの友だちとともに学級の生活をつくることができるようになったことである。それを高木は「個人的に指導しても拒否にあう。しかし、公的に取り組めば拒否はしない」と述べている。

高木はこの過程を提起することで隆信が変わったのはなぜかと問いかけている。そこで、こうした隆信の変化を推量するために、まず高木が報告しているクラス演劇の過程を二人の関係に焦点化してみることにしよう。

高木はクラス演劇の上演にあたって脚本を応募したが、これといったものがでなかったので、自作の脚本を二つ提示し、クラスはそのなかからコミカルな「孫悟空」を選んだ。

その筋書きは、天竺国から帰ってきた孫悟空たちが暇をもてあましていたところへ、人間界では子どもが大変なことになって、親を殺す子とか、いじめられて自殺する子とかが続出しているという話がもちこまれる。これを聞いて悟空は三蔵法師の忠告を無視して、学級崩壊のただなかにあるクラスに転校し、読心の術によってつぎつぎにトラブルを解決していく。だが、人の心が読めるということのために、逆にクラスメートから敬遠されはじめる。好きな男子の心を聞いてほしいという女子の頼みに応えたのが決定的な原因となって、悟空はクラスから完全に排除される。そこに三蔵法師が下りてきて、人間の世界はそんなに単純でないから手を引けといわれ、不承々々、人間界から立ち去る。

この劇の配役を決める段になったとき、隆信はいつもの万能感から悟空役をやりたいと出てくる。高木はそれを受け入れ、かれに主役をやりきらせる指導へと転換するリスクをとることにした。かれは隆信を中学生にするカケに出たのである。

3　劇の練習から上演まで

その練習から上演までの隆信への高木の指導は、つぎのような過程をたどっている。

（1）一〇月のテスト明けからのキャスト読み合わせでは、隆信は楽しそうに参加していたが、立ち稽古が始まりだしたら、模範を示して振り付ける高木の指導に応えきれずに逃げ出す。そして、一年の授業中の教室に入り込み、教師と争う。授業中の立ち歩きも復活する。

（2）一〇月中旬には立ち稽古がはじまった。その様子を見て隆信は久しぶりに練習に参加。サボっていたために動きがわからない隆信に、高木は「ひとつひとつ私がやって見せてやらせた」。如意棒の振り回し方も十分にできないかれに手をとって教える。そのせいか、かれは夜に電話をかけてきて、日曜日に個人練習すると約束する。

（3）しかし、ほどほどの練習しかしない。ふしぎなことに友だちに隠れてセリフだけは覚えてきたが、「本番でやるし！」と言いわけをしてリハーサルは全力でやろうとしない。そのために、ダメ出しをするとまた抜ける。このとき高木は生徒たちにかれが日曜日に練習しにきたことを伝えて、かれはいま「自分の弱さと向き合っているから、待とう」と話している。

（4）その翌日、隆信は「風邪をひいて声が出ないし、練習しない。このままなら本番も無理」といってくる。「１００から０へ」の退行である。これにたいして高木は「治せ！　声出なかったら見て動きを覚えろ！」と返す。「風邪が治らないし、代わってくれ！」「無理！　お前がやるしかない！」とやりあっている途中に、これまで高木に甘えに近い言動しかしなかった隆信がやにわに黒板消しを高木の足もとに投げつけて、「おい！　聞けや！」とはじめて「反抗的」に叫んだ。はじめての隆信の高木にたいする「反抗」であった。これにたいして、高木も黒板消しを拾って、隆信のもたれている黒板にむかって「やかましい！　お前がやるしかないんじゃ！」と投げ返した。隆信は机を蹴って教室から飛び出し、他クラスのダンスを見たり、ダンスに入ったりして時間を過ごしていた。高木はリーダーたちには「呼ばなくていい、『でもおまえがやるしかない、待っている！』と言え！」と指示している。

（5）本番の二日まえの放課後、隆信が生徒たちに連れられて練習にやってきたが、適当な練習にダメ出しをすると、すぐにキレて逃げる。生徒たちが呼びに行っても帰ってこないので、「だれかが代わるしかない」と問いかけたが、「かれにやってもらうしかない」という結論になった。だが、このとき高木とリーダーの安田はどちらもが代役をするつもりになっていた。

（6–1）その夜、高木は電話を入れて「もう時間がない！　今から学校へ来い、練習する」とよびかけた。「俺、出えへんし！」「お前が出ないと、幕が開かない」「勝手にやっといたらええやん！　俺知らんし！」「だれが押しつけたわけでもない、自分がやるって言い出した役や。やりきれ！」。こうした繰り返しが延々二〇分つづく。

（6–2）根負けした隆信が「明日の朝練習する」といいだしたので、高木が「朝なら六時に来い！」と返すと、「八時一五分に行く」「間に合わない」とやりとりがまた一〇分つづく。

（6-3）「明日、クラスのみんなにそう言え。みんながどう言うか聞いてから考えろ！」というなかで、やっと明日の社会の時間に練習することにこぎつけた。そうなるまで電話に約一時間かかった。
（7）翌日、隆信は教室の前に出て「今日の夜、先生と練習します。本番はちゃんと頑張る。でも今日の放課後の練習は無理！」といったのにたいして、リーダーたちは「なぜ無理なのか？」「今日も練習をやってほしい！」「納得はしないけど、夜にしっかりやってくれるのなら！」ということで彼と妥協する。クラスの最後の通し練習は高木が孫悟空役をやって終わった。その夜、隆信は約束どおり練習にくる。このときは真剣で、一時間ほどの練習でタイミングを覚えた。当日の朝練習には定刻にやってきて、初めてのオールキャストの練習ができた。笑いの絶えない練習で明るいムードが広がった。
（8）その直後の隆信に特別の大きな変化はないが、高木は「彼の中にあるべき『もう一人の自分』を今、形成している最中なんだと思っている」と付け加えて、さきに紹介したような変化がその後の隆信に生じていると述べて、記録を閉じている。
　このような経緯をみると、どうやらクラスは「孫悟空」というドラマを上演しながら、「隆信は変わった！」といういまひとつのドラマをつくりだしていったようである。劇がその外部にいまひとつの劇を生み出し、その外部の劇が内部の劇をまた仕上げていくという「劇中劇」と「劇外劇」の弁証法が高木と隆信、隆信とクラスメートの関係を新しい次元に押し上げ、そのなかで被虐待児からの隆信の脱出という物語が紡がれていったようである。

4 「模倣」とはなにか――「学び」の「間身体性」

この実践は二度、報告され分析された。その二度の検討会に同席したが、いずれも練習のなかで隆信がなぜ変わったのかに切り込むことができなかった。〈注4〉論議はその指導の「強引さ」に集中し、これをめぐってつぎのふたつのことが問題になった。

そのひとつは、高木が練習に参加することをこのような激しい言動で強いていることについてである。なぜ高木は一年以来のケアの延長上において隆信とかかわることをやめたのか。なぜクラスの生徒たちの働きかけをつうじてかれの参加を導き出そうとはしなかったのかという問いである。

いまひとつは、この激しいことばのやりとりと黒板消しの「投げ合い」にみられるような暴力性を問うものであった。あるものは、そこに「体育会系」の「指揮」（管理的指導）に近いものがあるのではないかと批判し、他のものは、このような指導は男性教師だけができるものであって、女性教師にはとてもできるものではないと指摘した。

高木はこれらの議論にほとんど反論することなく聞いていたが、黙っていることができなかったのか、「演技指導の過程で一時間も電話でとぎれとぎれに隆信と話し合ったところを読んでほしい」といった。かれは事実にもとづいて実践を読み開くことを要求したのであるが、実践分析は演技指導の過程とそのなかでの隆信の変化にメスをいれることができないで終わった。

そこで、あらためて隆信にたいする高木の演技指導のもとで、隆信のなかにいったい何が起こったのか見ることにしよう。

さきにみたように、高木は悟空の演技をひとつひとつやって見せて、その模倣をさせている。高木は隆信が不参加のとき悟空の役をやっていた。通し練習でも悟空の代役をしていた。このことは、高木自身が悟空になりきり、他の生徒たちとともに劇「孫悟空」の世界をたちあげていたことを示しているとともに、隆信に先んじて悟空の役と劇の世界を「からだ」のなかに刻み込んでいたことを示している。そうした高木は、隆信が演じなければならない悟空そのものであった。

これをいま隆信の側から見ると、如意棒ひとつ振り回せない隆信は、高木の演技を見つめながら、それを模倣するかたちで悟空の演技を身につけようとした。だが、そのたびごとにかれは練習をエスケープした。そればかりではなく、高木の練習参加の要請にたいして「風邪を引いてダメ」とか「明日の放課後はイヤ」とかと執拗に条件をつけただけでなく、かれのほうから練習の時間を他の生徒のいない「夜」に指定した。

さきの一時間におよぶ電話でのやりとりにおいて、イニシアティブをとっているのはみかけは高木ではあるが、実際はそれを長引かせているのは隆信であることを考えると、練習のイニシアティブはかれの方にあったとみなければならない。

また、かれが生徒たちと共同練習したのははじめと終わりだけであって、それ以外は高木だけを「共在者」とする孤独な練習、他の生徒のいない時間帯の練習であったことにも注意する必要がある。

さらに考えなければならないことは、練習にも加わっていないのにセリフを覚えていたことである。このことは、かれが孫悟空をする意思を捨てていなかったことを示している。だが、セリフというものは他の登場人物との身体を介してのやりとりのなかでマスターされるものであるのに、「学力」の低いかれがセリフを全部覚えたというのはどういうことなのであろうか。

この問いは指導を受けているもの、演技を学んでいるものの側からみた問題である。この問いに立つと、練習の過程における出来事はかれにとってどういう意味をもつ「練習」または「学び」であったかを問わなければならない。検討会の参加者に欠けていたのはこの問いである。さきに高木は悟空の演技をひとつひとつ見せて、それをまねさせる形で演技の指導をしたといった。これは、如意棒のやりとりを練習する段になると、隆信のからだに被虐待児によくある「脅え」がみられ、からだが固まってしまうために、高木が手取り足取りの練習しかさせることができなかったことを意味している。そのために、この練習は高木の模範演技を視覚を介して「模倣」させるものとなったのではないか。

ところが、「模倣」というものは、ワロンやメルロ＝ポンティもいうように、「私」が目撃した「他者」のからだの動きを自分のからだに取り入れ、自分のからだを「他者」の動作にむけて「調節」していくことによってはじめて可能となる。「まねる」こと、「学ぶ」ということはこのような間身体的な応答を基礎にしているのである。視覚でとらえた他者の動作を演ずるためには、その動作をした他者の「体位を受胎」する「沈黙の姿勢」の「時間」が必要なのだ。ワロンは、このような「沈黙の姿勢」のなかでつくりだされてくる身体調節の能力を想定することなしには、「運動の学習」という事実は説明できないといっている。〈注5〉

こうした観点から見ると、隆信は演技の「模倣」のためには一定の「沈黙」または「瞑想」の時間が必要であったということになる。かれは逃亡したのではなく、ひとりいることのなかで自分の「からだ」を調節して、模倣を可能にする自分の「体位」をつくりだそうとしていたのである。だから、練習をサボっても下校するわけでなく、他クラスのダンス練習を見ていた。いや、見るだけでなくそれに加わって踊っていたのは、そのなかでかれは他者の「からだ」と応答しうる自分の「からだ」を見定めようとしていたのではないか。

そうした「沈黙の姿勢」のなかで高木の演技を模倣する可能性が見えてきたとき、かれは練習時間を指定したのである。そして、高木との練習のなかで悟空の「からだ」が自分のなかに産まれていることに確信をもつことができたとき、かれは友だちとの練習に踏み切ることができた。身体レベルでの高木との「共同」が、友だちとの「共同」へと開いていったのである。

このようにみてくると、隆信がセリフを覚えてきたのも、このような「沈黙の姿勢」のなかで高木や友だちと応答しつつ、セリフを覚えたのだということができる。かれはひとりでいても、高木や友だちと一緒にいたのである。そのかぎりでは、かれは逃亡したのでも、放棄したのでもなかったのだ。高木はそれを感じていたからこそ、いま隆信は「自分の弱さと向き合っているから、待とう」と生徒たちに話したのではないか。

だが、この最後の点については保留しなければならないことがある。それはかれが演技よりもまえにセリフを覚えたのは、共同練習のなかでの非言語的なやりとりに危機を感じたからではないかという疑問と関連している。

かれのように被虐待的な環境にあったものは、虐待者の身体的＝非言語的なわずかな動きにたいしても「警戒的過覚醒状態」におちいるために、普通の人よりも他者の身体的なわずかな動きに過敏であるだけでなく、他の人とは異なる身体的反応をとるとされている。

このために、隆信にとっては高木の如意棒を使っての演技指導はかつての被虐待体験をフラッシュバックさせ、共同練習はかれのからだを揺るがし、断片化された多重な自己（からだ）を引き出してくる危険があったのではないか。だから、かれはセリフ（ことば）によって自分（からだ）をまえもってコントロールしなければならなかったのではないだろうか。

だが、そうすることは「沈黙の姿勢」をつうじての「模倣」の可能性をふさぐことになる。それを可能にするためには、かれは言語依存のスタンスを捨てて、身体を介しての模倣に取り組む必要があった。それ以外に被虐待のなかで断片化された自己（からだ）を統合していく道がなかった。それだけが劇づくりへの参加を可能にするものであったのだ。

そうだとすると、隆信の人格統合はさきに指摘した以上に困難かつ錯綜したものであったといわなければならない。

5　模倣から創造へ――学びから参加へ

それはともかく、その練習の過程には、高木の演技の模倣だけではなく、それを超えることがふくまれている。それは、隆信が高木の「悟空演技」の模倣をつうじてかれ自身の「悟空演技」を創造していかねばならないということである。「模倣から創造へ」という過程があって、はじめてかれにとって意味ある悟空演技が生まれるのである。

しかし、それができるためには、高木の悟空演技を模倣するなかで自分の生活現実を開き、そこから自分にとって意味ある身体表現をつくりだしていかなければならない。それはまたシナリオ「孫悟空」を自分の生活に落として、そこから意味をくみだし、かれ固有の「悟空」を創造していかねばならない。「沈黙の姿勢」のなかで自分のからだを「調節」し「体位」を「受胎」していくことと並行して、その身体的な振りに意味を吹き込んでいかなければならない。

高木のシナリオはかれのクラスをストレートに描いたものではないにしても、シナリオのなかでの悟空の立ち位置は、現実のクラスのなかでの隆信のそれに似ている。そのために、悟空演技の練習のなかで、かれはクラスのなかの現実の自分と向き合わなければならなかったのにちがいない。その演技練習はかれに見たくない自分を見せてくるために、そこから逃亡したいと思ったこともあったにちがいない。

そうだとすると、かれの練習からのエスケープは両義的である。それは「沈黙の姿勢」への「創造的退却」であると同時に、「小児うつ」とでもいうべきものにかれを追いやる「退行的退却」をも意味していたということができる。

だが、記録はこの過程を明示的に取り出すことができないでいる。劇上演後のかれの感想文も「楽しかった」という一言で終わっていた。しかし、記録はなにも語っていないかというと、そうではない。その過程を暗示するものが記録のなかにある。

それは隆信の「断固」とした時間指定の姿勢であり、そうしたことを一度も高木にしたことのないはずの、黒板消しを投げるという「反抗」的行動であり、黒板消しを投げ返す「交替あそび」に似た応答の行動である。いったいこれらは隆信にとってなにを意味していたのだろうか。

さきにみたように、隆信は高木の演技を模倣することのなかで自分のからだを高木のからだに重ねている。だが、からだを介しての模倣は完全にモデルと同型のものになるかというと、そうではない。もしその模倣が完全に引き写しであったとすれば、それはもっぱら「視覚」を介してのものである。そうした「まね」はモデルそのものの引き写しとなるかもしれないが、その身体的な動きはぎこちなく、硬いはずである。なぜなら、そこでは身体がもっぱら精神の客体とされ、それに統制されているからである。学校教育が「引き写し」としての「まね」を子どもたちに叩き込んだために、批判的教育論は「模倣」そのものを非難することになり、教育にとって必要不可欠な「模倣から創造へ」の道を拓くことがいまでもできないでいる。

それはともかく、これにたいして、からだを介しての「模倣」はモデルからずれ、本人固有の身体的なふりを導き出す。そうなるのは、本人の身体が精神の客体にとどまらず、行為の主体となっていくからである。つまり、「受動的な身体」から「能動的な身体へ」、いや、「客体としての身体」から「主体としての身体」によってモデルが演じられていく。「主体としての身体」は精神のコントロールにまるまる縛られるのではなく、つねにそれからずれていく。別の言い方をするならば、「模倣から創造へ」の過程は受動的な身体と能動的な身体との、客体としての身体と主体としての身体の対話をつうじて展開されるということができる。

これについて浜田寿美男は「ふりや模倣は、同型的な活動であり、相手の身体と自分の身体を重ね合わせることを本質とするものです。しかし矛盾するようですが、結局のところ別々の身体ですから、これを完全に重ね合わせることは原理的に不可能です」とのべている。しかも「ふりや模倣は、それ自体が身体による理解であり表現なのであって、それは身体と別なところに由来する外的な認知イメージに導かれて行われるようなものではありません」と付け加えている。（注6）

このような観点からみると、隆信はその「沈黙の姿勢」のなかで高木の悟空をなぞりながら、自分の悟空をかたどっていたということができるのではないか。しかし、その「悟空」を現実に産み落とすためには、高木に反抗し、かれの統制から抜けだす必要があった。黒板消しを投げつけたのは、それを象徴するものであったのだ。

ところが、そこに面白いことが起こっている。これはいささか私の推測のしすぎかもしれないが、その黒板消しを高木が投げ返したことで、高木にたいする反抗は高木との対等の応答ともいうべきものへと変わっていることである。そうとらえたとき、はじめて隆信が電話でのやりとりのなかで対等の応答をすることができたわけがみえてくる。そのことは電話のやりとりがまるで役割（イニシアティブ）を交換し合う「交替あそび」の様相を含んでいることのなかにみてとることができる。ふたりは意識的ではないにしても、いささか遊び感覚で電話のやりとりを楽しんでいたのではないか。

このようにみてくると、隆信の高木にたいする反抗とその後の対等に近い応答は、隆信が「模倣から創造へ」と進みでることを可能にしたのではないか。不登校の子どもは想像のなかで教師に反抗し、対等の応答ができるようになったとき、学校に登校でき友だちと交わることができたという例があるが、[注7] かれもまた教師に反抗できるようになったときに、「模倣から創造へ」と進みでることができるようになり、友だちと協同して孫悟空の世界を創造することができるようになったのではないか。

かれは、このような内実をもつクラス演劇の練習をつうじて、被虐待児にみられがちな「断片化された人格」を統合して、被虐待児であることから自立し、クラスに加入・参加することができるようになったのである。だから、かれは授業に参加することができるようにもなっているのだ。

これが、高木のいう「個人的に指導しても拒否にあう。しかし、公的に取り組めば拒否はしない」という隆信の現在の実質である。かれは友だちを自分の「重要な他者」とすることができたために、クラスに参加し、そのなかから間接的に高木に応答することができるようになったのだ。

【注】

1　高木安夫「隆信の自立をめざして」(『全生研（全国生活指導研究協議会）第五〇回大会紀要』私家版、二〇〇八年)、同「被虐待児の個人指導と集団指導——隆信の自立に向けて」(京都生活指導研究協議会編『「Kの世界」を生きる』クリエイツかもがわ、二〇一三年所収)。

2　ジュディス・ハーマン『心的外傷と回復』(みすず書房、一九九六年)。

3　この「100か0か」という生き方はトラブルを顕在化させている子どもに見られるだけでなく、今日、「対人の場が〝全てか無か〟に近い性質を持っている」幼児期を引きずる子どものなかにも多く見られる(H・S・サリヴァン『精神医学は対人関係論である』(みすず書房、一九九〇年))。「無力感と幼児的万能感の交替」については前掲『心的外傷と回復』ならびに楠凡之『いじめと児童虐待の臨床教育学』(ミネルヴァ書房、二〇〇二年)を参照されたい。

4　二度の検討会とは、二〇〇八年の「全生研第五〇回大会」と全生研・全国委員会である。

5　H・ワロン『児童における性格の起源』(明治図書、一九六五年)、『身体・自我・社会』(ミネルヴァ書房、一九八三年)。メルロ＝ポンティ『幼児の対人関係』(みすず書房、二〇〇一年)。後者の論考はメルロ＝ポンティ『眼と精神』(みすず書房、一九六六年)にも収録されている。なお、これらの重要参考文献として、西岡けいこ『教室の生成のために――メルロ＝ポンティとワロンに導かれて』（勁草書房、二〇〇五年）を挙げておく。

6　浜田寿美男『身体から表象へ』（ミネルヴァ書房、二〇〇二年）一〇六頁および一〇五頁。

7　竹内常一『子どもの自分くずし、その後』（太郎次郎社、一九九八年）八四〜九〇頁。

4 「はたらかされる」から「はたらく」へ
——アルバイトの雇用契約書をもらってみる

1　高校生とアルバイト

井沼淳一郎が「現代社会」を教えていた普通高校は、入学時の二八〇人から卒業までに一〇〇人近い生徒が学校を去る年もあった。全校的な努力で中退者が半減したが、卒業後の進路は就職と進学（専門学校を含む）がそれぞれ三〜四割、残りの生徒は「未定」（大半が無業者あるいはフリーター）であった。

その生徒たちはというと、三年間でアルバイトを経験したものが八割を占めており、多くは放課後から夜にかけてアルバイトをしている。だが、それができているのは、一応大人から一定の労働力であると評価されているものだけである。かれらのなかには一応は形ばかりの雇用契約書をもらって働いているものもいるが、雇用契約書のないなかで働いているものもいる。そのために、労働基準法をはじめとする労働法違反のなかで働いているものも少なくない。そのせいか、「朝、来ない」「昼からいない」「いたら寝ている」ものが多く、教師たちは授業に生徒たちをひき込むことに四苦八苦していた。(注1)

ところが、生徒たちは、次のレポートが示しているように、すべてというわけではないが、授業以上にアルバイトに「積極的」に取り組んでいる。それだけではなく、たとえ労働基準法違反があっても、職場の人間関係に満足しているから、問題にするつもりはないというものもいる。つぎに掲げるのは、高校三年生の「現代社会」における「アルバイトの雇用契約書をもらってみる」という「調べ学習」のレポートだが、生徒たちはアルバイトにそれほど単純に熱中しているわけではない。

労働契約書をいただきました。店長は依頼状（校長名）を渡したとき、えらいびっくりしてた！（笑）「え？　こんなたいそうなものなん!?」って感じで。ほんでまあ「本部」に「学校のしらべ学習なので」的な感じで言うて、大体一週間たったくらいに契約書のコピーをいただきました。店長に何回か「店の名前消しといてなぁ！」と言われました。

契約書見てたら、やっぱ現実はちゃうもんて言うか。よゆーで（余裕で—引用者）。八時間以上働いてるし。あたし自身も労働基準法くそくらえってな感じで、店の為、お客さまの為なら喜んで！　みたいな（笑）。休日も週あたり一日以上って書いてるけど、そんなんウソウソ！七連勤以上の人たちもおる。ちょっとぐらいは。

　正直、あたし自身、井沼先生の授業受けてて「〇〇（店名）って法律ムシしまくりやん！」思ったけど、まあええやって思った。それはやっぱ〇〇（店名）好きやし、うん。例えば八時間超えたらアカンとかあるけど、キッチン人足りてへんくて《ママ》ウェーティングでお客さん待ってくれたりしてはったら、そんなん普通に残らなって思う。だってお客さん待っているから！すべてはお客様の為に！　みたいな。うちの会社はこんな感じなのです。こんな感じで日々バイトしています（注2）。


　このレポートを書いた女子生徒は、一面では「すべてはお客様の為」といって仕事に励んでいるが、必ずしもそれに呑み込まれているわけではない。

　彼女は雇用契約書がインチキなものであり、店長・店主がそれを公表されることを恐れていることに気づいている。それに、「あたしも労働基準法くそくらえってな感じ」で働いていることにも気づいている。そればかりか、「お客様の為」をいっている自分自身をも自虐的に笑い飛ばしている。その意味では、彼女のレポートはきわめて批評的なのである。

　それでも彼女がアルバイトに「没頭」しているのは、職場のほうが学校よりも自分を価値ある存在として認めてくれているところがあり、自分もそうした存在であると確かめることができるところがあるからである。彼女は、自分の仕事が社会的に有用なものであると評価され、そのように自己を評価できているから、アルバイトに「積極的」であることができているのである。しかし、だからといって、彼女はそれに「主体的」であるかというと、かならずしもそうだとはいえない。なぜなら、「労働基準法くそくらえってな感じで、店の為、お客さまの為なら喜んで！」ということばは彼女の自虐的な擬態であって、その奥底に次に見る別の生徒とおなじように職場にたいするイライラが固まっていないとはいえないからである。

雇用契約書の一番最初には契約期間とか書いていて、ちゃんと三ケ月契約で更新せなあかんとそこらへんはきっちりしているなあ。でも「従事する業務」のところに、「調理補助」って書いてあるけど、仕込とか店の開業準備とか普通にさせるし、全然、「補助」の領域を超えてる、どこまでが「補助」なん？　始業・終業時間が一八・〇〇〜二二・〇〇ってかいているけど、「待機」というやつで普通に一時間とか待たされるし。その分給料でてへんし。ヒマやったら早上がりになるし、まあ、普通に働いててイライラすることは常ですね。

かれがイライラしているのは、契約条項が守られていないこともさることながら、自分が雇用契約の一方の当事者としてあつかわれていないこと、「いつでも取り替え可能な」低賃金の非正規労働者として社会的に位置づけられていることに憤っているのである。そのために、かれは鬱屈した労働主体であることから抜け出すことができないでいる。

2 「現代社会」の授業改革の観点

井沼がこのような「調べ学習」を選択課題のひとつとして生徒に課しているのは、制度化された「学校知識」のつめこみと「正解主義」のテストにはまっている「現代社会」の授業にたいする批判からである。

そのような授業は、「できない」とされている生徒たちに「自分たちができないものである」とさらに思いこませるだけでなく、かれらのなかにさらなる差別と相互排除をつくりだす。また、通りいっぺんの社会知識でもって現実を「合理化」するだけで、現実の非合理性を問題にしない。だからといって、「リアル」な社会現実をとりだして「教えた」としても、それだけでは現実のあまりのきびしさに生徒たちは暗くなるだけで、かえって生きる意欲を弱める結果となる。

このような問題意識にたってかれは、私の理解するところによれば、生徒たちが「自分（たち）」がどのような社会的存在であるのか」「自分（たち）」によって生きられている現実社会とはどのようなものか」を意識化できるようなものに「現代社会」の授業を変える試みを、二〇〇七年度からつづけてきた。

その際、かれが授業改革の方針として掲げたものはつぎの三つである。

「(1) 学習テーマを、生徒の生活と将来展望に即し、精選し配列する。
(2) 学習内容の習得と応用を促すスキルトレーニングを開発する。
(3) 暗記学習を最小限に抑え、自ら学ぶ、共同で学ぶ探求学習を中心にする。」

これらの方針は変哲なものではないが、(1)の方針は生徒たちのこれまでの生活、それに選抜・選別のなかで選ばされることになったこれからの生活と結びつけられるとき、別掲の「現代社会授業計画」(七六~七七頁の表を参照)にみられるように、その「大テーマ」は、「身近な契約に強くなる」「〝アルバイト〟の法律」「困った時のトラブル解決法」「正社員もラクじゃない~世界の中の日本の異常~」として具体化された。

(2)の方針は、知識を学びのスキルを介して生きた知に転換し、生徒たちから力を奪ってきた授業をかれらに力を与えるものに改造することである。

その「スキル」といわれているものは、さきの「授業計画」にあるように、①「ワーク・トレーニング」(「先輩の雇用契約書を見てみよう」「知らないとソン? 割増賃金計算に挑戦」など)、②「調べ学習」(「アルバイトの雇用契約書をもらってみる」「店長(働く人)にインタビュー」など)、③「発表・討論」(「焼肉屋のアルバイトをクビ! 納得できる? できない?」「調べ学習発表、討論、弁護士のアドバイス」など)である。

ここにみられるように、これらの学びのスキルは、「雇用契約書をもらってみる」がそうであるように、雇用契約を取り交わす社会参加のスキルへと拡張されている。その意味では、この方針は生徒たちを「学び」から「(社会)参加」へ、また逆に「参加」から「学び」へと往還させるものであり、そのなかで既存の知識を問い直し、生活現実を拓く知識へと再構築するものであるといってよい。

⑶の「探求学習」とは、生徒(たち)が所与の社会現実を自分(たち)の側から問題化し、それと自分(たち)との関係性を認識し、その意味するところを意識化していくこと、それをつうじて、所与の現実に埋め込まれていた社会的存在から、それに意識的・批判的に参加・介入する社会的存在へと自分(たち)をつくりかえていくことを課題とするものである。

その際、井沼が「自ら学び、共同で学ぶ」ことを強調しているのは、「探求学習」が①これまでの一斉授業の画一性となれあいの仲間関係の内閉性から一人ひとりの生徒を差異ある存在として解放し、②その一人ひとりが差異をもつ存在として学びに参加し、他者と共同して学びをつくりあげることを必要としているからである。このような条件があるとき、それは学びの複数性と対話性を保障し、一人ひとりの「当事者性」を聞き取り、他者の「当事者性」を共感的に想像しつつ、一人ひとりのキャリアとアイデンティティの形成をはげますと同時に、生徒たちを所与の社会現実を意識的に再構築する学習集団として組織することを可能とするからである。

こうした観点に立つものであるから、「探求学習」は「学びと(社会)参加のネットワーク」を生徒たちのなかにつくりあげるだけでなく、学校外部の関係者・関係機関にもそれをひろげるものでなければならないと井沼は主張する。そのために、かれは弁護士や労働組合関係者を学校

大テーマ：困った時のトラブル解決法	
1　社会保険って知ってる？①	◎給与明細のみかた ○もしも病気（ケガ）になったら健康保険、仕事中なら労災保険
2　社会保険って知ってる？②	○もしも失業したら雇用保険 ○歳をとったら年金保険、介護保険
3　雇用形態の違いに注意 !!	○タウンワーク『雇用契約を結ぶための基礎知識』で学ぶ 直接雇用、派遣、請負、偽装請負のちがい
4　労働基準監督署に行こう	◎労基署紹介ビデオ、堺労働基準監督官のお話 □労働基準監督署に行ってみた！～生徒レポートから～
5　労働組合って知ってる？	○憲法２８条　労働三権ってどういうこと？ ◎ＤＶＤ「労働組合は未来へのドア」→労働組合への疑問・質問　地域労組おおさか青年部副部長のお話
(総合）カード社会の落とし穴に気をつけて	○クレジットカードのしくみ サラ金～ヤミ金　多重債務の怖さ
(総合の時間で) 「ルビコンの決断」鑑賞会	◎ルビコンの決断「借金なんかで死ぬんじゃない！～弁護士宇都宮健児の仕事～」を鑑賞、感想文を提出
6　最後のセーフティーネット　生活保護	◎健康で文化的な最低限度の生活を考えるワーク ○生活保護のしくみと現状
7　借金するヤツが悪い !?	◎ローン計算をやってみよう □討論「借金するやつが悪い !?」 ○自己破産の原因
8　自殺者３万人の背景	□グラフから推論しよう～年齢別・理由別自殺者・失業率・サラリーマンの平均年収・非正規雇用労働者数・生活保護など
(総合) 宇都宮健児弁護士講演会	「人生も仕事もやり直せる～貧困なき社会を目ざして」

大テーマ：正社員もラクじゃない～世界の中の日本の異常～	
1　名ばかり管理職	【ビデオ】名ばかり管理職 ●第３回調べ学習「店長（働く人）にインタビュー」
2　過労死	○過労死とは？ ◎過労死・過労うつの申請者数と認定数のグラフ作成 □土川過労死裁判　模擬意見陳述、証拠証人、最終弁論
(総合) 田中俊弁護士講演会	「生きてこそ！～過労死裁判から学ぶ～」 田中俊弁護士
3　市場経済のしくみと限界	○市場経済のしくみと限界、景気循環と恐慌について学ぶ
4　為替と金融	○為替相場と輸出入の関係、国際的な金融の流れを学ぶ

＊記号は、○知識理解 ◎ワーク・トレーニング □発表・討論 ●調べ学習を示す。
太線囲みは、金融教育研究費を使用した講演。

2009年度　現代社会　授業計画

小テーマ	おもな内容
○ガイダンス	先輩たちはどのように学んできたか 授業ノート、レポート、新聞記事になった先輩たちの"学び" ◎ＫＪ法：「３つの願い」の分類と名付け
大テーマ：身近な契約に強くなる	
1　幸せになる権利 ～憲法１３条～	○憲法１３条の意味を理解する □【ビデオ】ガイアの夜明け「就職氷河期の若者たち」 ２０分試聴→感想・討論
2　契約ってなに？ ～法律感覚をみがこう	□【ビデオ】悪質商法→どこが問題？ ◎「クイズＴＨＥ契約」に挑戦！ ○法の支配、契約の自由
3　司法書士と学ぶ「悪質商法」 小牧美江司法書士	◎ロールプレイ「キャッチセールス」→□発表：どこが「ヘン」？ ○特定商取引法、消費者契約法の学習
4　「悪質商法」を調べよう	○教科書「消費者問題」(p92～93)、マンガ・悪質商法 ●第１回調べ学習「悪質商法」の説明
5　自立に向かって	◎ひとり暮らしの自立度チェック ◎夢　実現!?　それとも…？ ○教科書「変わる雇用形態」(p96)
(総合) 金融教育講演会	「高校３年生のためのライフデザイン入門」講演会 大阪府金融広報委員会　金融広報アドバイザー 市田雅良氏
大テーマ：“アルバイト”の法律	
1　私のアルバイト体験	◎「私のアルバイト体験」を書いてみる
2　仕事をはじめるとき	◎先輩の雇用契約書を見てみよう ○労働基準法１５条「明示すべき労働条件」をチェック ●第２回調べ学習「アルバイトの雇用契約書をもらってみる」
3　労働時間に敏感になろう	○労働基準法『労働時間』『休日・休暇』関係 ◎先輩の給与明細を見てみよう　パート・アルバイトにも有給休暇
4　賃金計算に強くなろう	○労働基準法『賃金』関係 ◎知らないとソン？　割増賃金計算に挑戦
5　女性だけの権利	○労基法第65・66・67・68条、教科書「女性と労働」(p97)
6　仕事をやめる時	○労基法２０条「解雇の予告」、労働契約法 □焼肉屋のアルバイトをクビ！　納得できる？　できない？
7　弁護士とともに「雇用契約書から学ぶ」	□各クラス１名の調べ学習発表、討論、弁護士のアドバイス 下川和男弁護士

に招くと同時に、生徒たちに店長や労働基準監督署をたずねさせて、学びの場を社会的な広がりのあるものにしている。このことは、教室のなかの学びを社会のなかの学びに、言い換えれば、生徒の学びを市民の学びに開くことをつうじて、前者の学びを後者の学びのなかに定位しようとするものであるといっていいだろう。

3 「調べ学習　アルバイトの雇用契約書をもらってみる」の展開

このような授業改革の観点からつくりだされた「調べ学習　アルバイトの雇用契約書をもらってみる」は、①労働法制について学ぶ、②生徒が雇用契約書をもらってくる、③それをクラスで発表する、④発表を聞いたあと、それについてグループ討論し、契約書について「いいとこ」と「へんなとこ」さがしをする、⑤発表とグループ討論を受けて、弁護士から解説とアドバイスを受ける、⑥生徒が感想をまとめる、と進む。

だが、この「調べ学習」はふたつの外部の力に支えられていることを見逃してはならない。そのひとつは、雇用者にこの課題に協力してもらうことについての学校長の依頼状である。これがあるから、生徒たちは店長や雇用者に雇用契約書を求めることができたのである。そうだとすれば、これは教育的なお願いであるというよりもまえに、労働契約をする権利を生徒たちに保障することを雇用者に求めると対等の立場で雇用契約を交わすことができたのである。いや、雇用者労働福祉的な働きかけであるといってていいだろう。

いまひとつは、「調べ学習」の討論のなかで、弁護士が生徒たちにたいして雇用者が契約を交わすことなく被雇用者を使用した場合、三〇万円以下の罰金が科せられるという労働法規を教えていることである。

このようにみてくると、「雇用契約書をもらってみる」という学びのアクションは、校長と弁護士の力、そしてかれらに力を与えている労働法規によって仮構されたものでありながら、現実的には「アルバイト労働者が雇用者と対等の立場で契約を交わす」労働権行使のアクションとなっているといっていいだろう。

○　労働契約書をいただきました。最初、店長は「雇用契約書ちょうだい！」と言ったところ、「そんなものはない！」と言われました。でも自分も負けんと「学校でいる！」といったところ、三時間かけて作ってくれました。（果物屋で働くSさん）

○　雇用契約書をもらったら、今まで最低賃金より少ない七四〇円で働いていたのに、「学校でいる」と言ったら、七五〇円になってた。〈使用者は〉最低賃金が七四八円ってわかってながら何でそんなことをしたのか、わからへん。〈私が〉もし、最低賃金が七四八円って知らなかったら、今も損してるってことになる。（コンビニで働くE理さん）

こうした「調べ学習」（校長の依頼状が出されなかった二〇〇七年度の活動）のなかで、もっとも劣悪な条件で串カツ屋で働いているT子が初めてもらった雇用契約書が問題になった。最初は「雇用契約書なんてうちにはない」といっていた店長も、彼女の再三の申し出に折れてやっと契約書をつくってくれたが、それはきわめてずさんなものであった。そこで井沼は、弁護士を教室に招いてその契約書の問題点を生徒たちと検討するグループワークを行った。

それはまず「『所定時間外労働なし』となっているのに、一一時過ぎまではたらかされる」というT子の発表からはじまった。グループ討論での「いいとこ」と「へんなとこ」さがしでは、「有給休暇が記されていない」「雇用期間の定めがない」「細かい点が書かれていない」などの契約書の不備に関するものや、所定時間外労働だけでなく、休日「週あたり二日」が守られず六連勤や七連勤もあることなど、契約書と労働実態の違いが指摘された。これにたいしてT子は「『有給休暇ください』と言っても、『法律はそうなってるかもしれないが、うちにはない』と言われた」と何度も繰り返した。

これを受けて、弁護士は、「雇用契約書を渡さないのは悪質な場合は三〇万円の罰金にもなる違法行為であること。また、高校生とわかりながら、夜、一〇時を過ぎて働かせ、割増賃金も払っていないのは、二重の労働法違反であること」を教えてくれた。

これに付け加えて、弁護士はT子のレポートを高く評価し、「雇用契約書をもらうことで、自分が法律的に守られるようにすることはもちろん大事だけれども、会社にとっても法律を守る会社（企業コンプライアンス）になっていくということは、大きな社会的意味があることなんだ。高校生が社会をいいほうに動かしたということだよ」と話して、彼女の試みをほめてくれた。

このグループワークの後、彼女は弁護士から送られた労働基準法の解説書を示しながら店長と交渉して、有給休暇一九日を勝ち取り、全部消化して別のアルバイトに移っていった。彼女は「『はたらかされる』ものから『はたらく』ものへ」と自分自身を変えることができたのである。

こうした調べ学習がつづけられるなかで、校長からの依頼状が出され、先輩たちの権利獲得がつみかさねられてきた二〇〇九年度には、最低賃金違反があった六つの職場で違反状態が改善されることが起こった。

4　生徒たちが共同してつくる労働福祉と教育

ところで、井沼はこのような学習活動を「調べ学習」といっているが、それは生徒が調べる主体となり、問題を客体化・対象化するようなものではない。

それはまず生徒たちに「雇用契約書を交わす」というアクションをとらせることによって、かれらを職場に埋没していた存在から、それに働きかける存在へと変えるものである。生徒たちがこれをきっかけにして、自分がまるごと巻き込まれ、棲みこんでいた労働世界をひとまず自分からつきはなし、あらためて他者とともに——他者と渡り合い、他者とつながりあって——労働世界を再構成するものである。

そのなかで生徒たちが労働世界の当事者として契約の場にすすみ出て、使用者と「対等」の立場で契約を交わし、その契約内容を確認し合い、場合によってはそれを改めることを求め、自分を「当事者意識のなかった当事者」から、「当事者意識をもつ当事者」に変えるものである。

○　最初、私は店長に直接言うつもりやった。／でもそれをやったらバイトやし、すぐに解雇されてたかもしれん。／そこでパートのおばちゃんに相談して周りを味方にすることで社会の上下関係をくずさずにコトを進めるやり方を教わった。／先生の授業がなかったら私は損をしていたし、今回こういう貴重な体験ができたのも授業があったからだと思っている☆《（ママ）》／私は今回の経験をとおして他の子より一歩成長したと思う。（Cさん）

○　最低賃金以下で働いていたけど、この授業を受けて、バイトの先輩と店長に話しかけて時給が上がった。しかも今までの差額も払ってくれて、本当に良かったと思った。きっとこの授業を受けていなかったら、ずっと損をしながら働いてたと思う。（食料品店で働くM子さん）

○　私は「一〇年ノート」（卒業後一〇年は人生の危機に対応できる「現代社会」で学んだことを記

録したノート）を持っていき、労働契約書の例を渡しました。後日店長が「いい勉強になったわ。ありがとうね」と言ってくれた。「Hさんのおかげでいっぱいいろんなことが分かったし。また教えてね」と言っていただきました。（ホカホカ弁当で二年以上働いているHさん）

Cの感想文にそくしていえば、彼女は自分の時給の七〇三円が最低賃金以下だということを知り、いきなり店長になぜなのか問うつもりだったが、パートのおばちゃんに相談して、まず主任に話をもちかけ、それを売場主任会議から店長会議にあげてもらって、賃上げを獲得したのである。

これをいま少し分節していうと、彼女は相談したパートのおばちゃんに支えられて自分の賃上げを主任―店長―店主へと要求し、雇用関係に内在している支配―被支配の関係にコミットし、賃上げを対等の立場で交渉する場をつくりだしたのである。その意味では、彼女はおばちゃんとともに賃上げを公開の団体交渉として行い、その雇用契約を公的なものにしたといっていいだろう。

おなじことはM子の報告についてもいうことができる。最低賃金以下で働いていた彼女は、バイトの先輩と連帯して店長に話しかけて賃上げ要求を実現したのである。ということは、彼女たちは労働者の社会的・集団的権利を行使して、賃上げ要求を実現した、ということである。

彼女たちは賃上げ交渉をしたことでもって、損をして働いていたことから抜け出せたといっているが、その「ソン」と「トク」はもちろん労賃にかかわるものではあるが、同時にそれは労働者としての権利の有無にも深くかかわっている。彼女たちは他者に支えられ、他者とつながりあうことをつうじて賃上げを実現したことのなかで、無力化されてきた自分たちをエンパワー（有力化）し、自分たちが労働権という社会的権利の主体であることを意識化できるようになったのである。

それればかりか、これらの生徒が女性であったことを視野に入れると、彼女たちは働く場におけるジェンダー問題にもコミットし、女性労働者としても自分たちをエンパワーしていったといってよい。

Hの報告は少々話が異なるが、「雇用契約書をもらってみる」というアクションが店長の労働法にたいする学習意欲に火をつけ、その交渉が彼女と店長の共同の学びとなったことを示している。このような生徒と店長との関係が広がるなかで、生徒たちは労働者や店長を巻き込んだ「働く人への危険度チェックとインタビュー」を行い、それにもとづいて「過労死問題」「自殺者年間三万人問題」の共同の学びに取り組み、労働者の権利と労働福祉を自分たちの問題とすることができた。

このようにみてくると、生徒たちは、「雇用契約書をもらってみる」という活動のなかで、労働福祉を実現する地平に、また労働法を学ぶ地平に立つことができ、自分たちと労働世界・労働社会との関係を意識化できるようになったといっていいだろう。〈注3〉

【注】

1　それ以外に、アルバイトに一日行ってやめてしまう「不器用な」生徒、アルバイト面接で落ち続ける生徒、面接ですら自分から行ってみる決断のできない生徒たちが困難校には少なからずいる。

2　井沼淳一郎「『はたらく・つながる・生きる力』を育てる現代社会」（大阪高生研（高校生活指導研究協議会）二〇一〇年二月例会プリント版）。これにつづく生徒たちの文章はこの報告書による。この実践の報告としては、他に井沼による「高校で本当に必要な学びとは何か――スキルとネットワークの形成をキーワードにして授業を変える」（プリント版）、「アルバイトで雇用契約書をもらってみる」（『高校生活指導』二〇〇八年度夏季号）がある。

3　なお、この実践記録を検討したものに、竹内常一「自分と世界の関係をつくり変える学び」（『高校生活指導』二〇〇八年度夏季号）がある。

〈II〉

教師のことばと生徒のことば

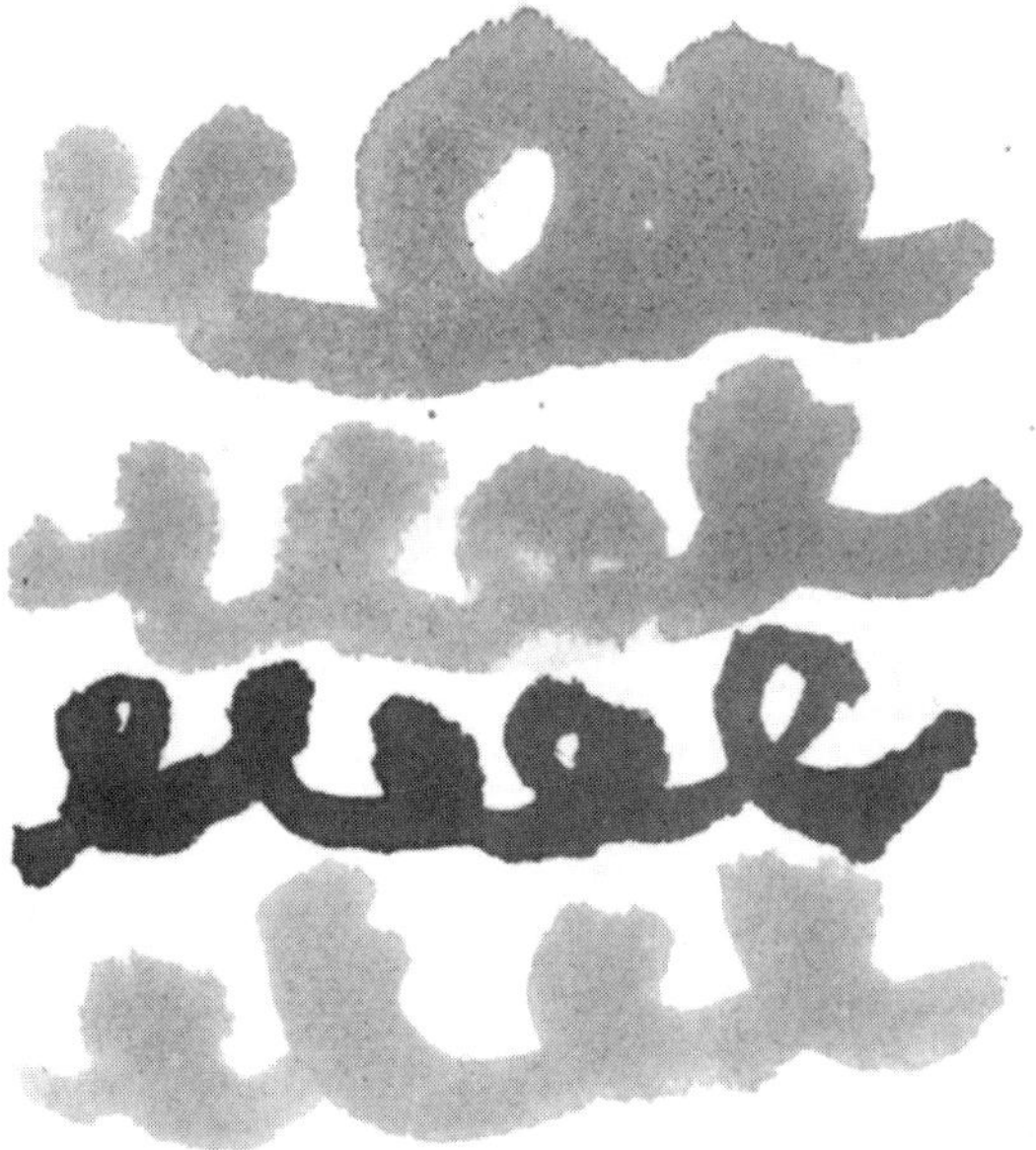

1　指導の基盤としてのケアと対話

1　「強い指導」と「指導の放棄」

「ゼロ・トレランス」という「声」が叫ばれるなかで、生徒たちに対して「強い指導」を行うことが教師たちに求められている。

こうした言説は日本の強制＝義務教育の悪しき伝統をひくものであるが、それが現場の流行語になったのは間違いなく教育基本法改正後のことである。そのなかで「国家にとっては教育とは一つの統治行為だ（注1）」ということが強調され、その趣旨が新基本法のなかに国家指定の「教育の目標」条項としてとりこまれ、その目標（内容）の学習と学校規律の遵守が生徒の『義務』とされた。

これが近年の「強い指導」の発端である。そして、「統治としての教育」は目標管理をつうじて学校と教師に強制されるなかで具体化されてきた。そのために、教育実践は教育行政の延長ととらえられ、その行政指導に従属する行政事務とされた。そうした状況は、いま安倍首相の再登場によって開かれようとしている第二幕の「教育改革」と第三幕の「憲法改正」のなかで一層強化されようとしている。

このようなマクロな政治的文脈と特別権力関係を今なお残す伝統的な学校管理を視野に入れると、「強い指導」といわれるものの正体は「管理」、「統制」、「統治」であって、あとでくわしくみるような「指導」ではない。

ところが、このようなものとしての「強い指導」を「管理」とみなして、「指導」そのものを頭から毛嫌いし、なにもかも生徒の「自発性」・「自主性」にまかせてしまう。いや、「まかせてしまう」という意識があればまだ結構だが、それも持つことなく、生徒たちがどういう言動を取り、どういう結果を被るかは生徒（ならびに保護者）の選択と責任の問題とみなして、なにごとにも関知・関与しないという無自覚な「新自由主義」的気分が教育関係者のなかにひろがっていることも見逃すわけにはいかない。

こうした風潮のなかで「指導」ということばを禁句として、これを排除し、それに代えて「支援」や「援助」など口当たりの良い言葉を好んで使う傾向が専門家やボランティアのなかにも現れている。〈注2〉

しかし、そのように言い換えたとしても、それらのなかから「指導」的なものがなくなるわけではない。その現場を見ればわかるように、それらは「指導」や「援助」を求めてやってくる人たちにとっては「指導」や「指示」として受けとられていることは否定できない。当事者がそれを主観的に否定はしても、その「援助」を「指示」「指導」として受け取っている事実は否定できないのではないか。こうした無感覚さが「援助」という名の「専門家支配」を生みだしているといったらいいすぎだろうか。

2 「指導する」とはどうすることか

これらの「指導」についての考え方に共通しているのは、「指導」を「指導する」ものの側の一方的な行為であるととらえて、「指導する」ものと「指導される」ものとの関係行為であるととらえていないことである。だから、これらの考え方は「指導される」ものが唯々諾々として指導に従うものと思い込み、指導そのものに疑いをさしはさむことは認めないのである。

しかし、指示にしても、指導にしても、それらは文字通り「指さして示す」こと、「指さして導くこと」ことである。したがって、それは、行くべき道が分からないでいるものに、その道を指さして導くこと、問題を抱えて解決の方向が分からないでいるものにその解決方法を指し示すことである。それは「命令」ではない。

その意味では、「指導」は「教導」であるよりも、「案内」（ガイドすること）に近いといったほうがよい。「指導」が「教導」に近いものだとすれば、指導するものが「主」となり、指導されるものが「従」と位置づけられる。ところが、これを「案内」に近いものとしてとらえると、「指導する」ものは案内を請うものに応えるもの、そして、「指導される」ものはそれを聞いて採るべき道を決めるものということになる。したがって、そこでは、「指示されるもの」が「主」であり、「指示するもの」は「従」として位置づけられねばならない。

このように見てくると、「生活指導とは生き方を指導することである」という定義は単純化しすぎであるどころか、間違いだといわなければならない。少なくともそれは「教師は一人ひとりの生徒がどのような生活と生き方を選ぶかを指導、援助するものである」といわれるか、「生活指導とは、一人ひとりの生徒がどのような生活と生き方を選ぶかを指導・援助する教師の営みである」というふうに、二つの主語をもつ複文構造として定義されなければならない。

そのうえで生活指導において教師が「指導」をどのように遂行しているのかというと、

①それは具体的な一人ひとりの生徒がどのような具体的な状況のなかで生活しているのかを彼・彼女とともに知ること、言い換えれば、一人ひとりの生徒の具体的な生活に関与しながら、それにたいする生徒の身体的、言語的な認識と表現を深め、広げていくことからはじまる。

②そのなかから、彼（ら）、彼女（ら）によって生きられている現実の問題が掘り出され、立ち上げられていくと同時に、それと並行して一人ひとりの生徒の主観的主体的な「要求」が聞き

取られ、それらが総合され、社会的に承認を求める必要（ニーズ needs）として組織される。その過程で、一人ひとりの主観的・主体的な要求は集団の共通する必要へと練り上げられ、高められていく。

③そのなかで、孤立化させられ、無力化させられてきた生徒たちは自治的集団としてエンパワーされ、社会的に承認された必要・要求の実現に取り組むことができるようになる。

④しかし、それは具体的な必要・要求を社会的に実現させることであるが、それにとどまるものではない。というのは、そのニーズの社会的な実現は、それを抑圧してきた権力構造を変えるものであり、その行為をつうじて生徒たちはいっそうみずからをエンパワーし、問題の「当事者主権」を確立するからである。

⑤指導は、必要・要求の社会的な実現と権力構造の変化が生徒たちに何をもたらしたのか批判的に反省させると同時に、その新しい状況がどのような新しい問題を提起しているかを批判的に意識化することを生徒たちに求める。

その意味では、指導は一サイクルを終えて、次の指導のサイクルの最初の段階、つまり①の段階に立つといっていいだろう。

3　指導と被指導の関係性

このようにみてくると、指導は、①生徒の個人的・集団的な現実についての身体的・言語的な認識・表現↓②個人的・主観的な欲求・要求から社会的なニーズ（必要）への発展的転化↓③必要・要求の社会的承認の獲得から社会的実現へ↓④文化的・社会的・政治的な集団構造の民主的な改革と当事者主権の確立↓⑤これまでの活動の批判的反省と新しい問題状況の批判的意識化へ、というサイクルをつうじて展開されるものであるということができる。

そして、このような指導はその全過程において教師と生徒（たち）との対話・討議に付され、その指導の是非が問われる。これが、指導が関係行為であるとされる所以であるが、そうだとすれば、指導は、その関係行為がどういうものであるべきか、どういうものが民主的かを生徒たちとともに論議しなければならないという課題を避けて通ることができない。

このように指導の是非というか正当性が生徒たちの討議に付されないときは、生徒たちは大抵決定を権力的な統制や「行政指導」ととらえて、面従腹背という態度をとり、それを自分たちが選び、決めたこととはみなさない。そうであれば、教師と生徒のあいだにあるものは指導・被指導の「民主的な」関係であるどころではなく、支配・被支配の関係であるにすぎないということになる。

それが、学校のなかで生徒たちが自分のなかに取り込む強固な「潜在的カリキュラム」（"hidden curriculum"）なのだ。

こうした指導の権力的な関係性と潜在的カリキュラムを超えていくためには、支配・被支配の関係性とは異なる指導と被指導の関係性とは何かを教師と生徒、生徒と生徒の討議テーマにする必要がある。生活指導、集団づくりの実践はその討議の必要性を意識して、その関係性をつぎのように言い伝えてきた。

あいまいな指示には明快さを要求すること、
指導にどう応じたらいいのかわからないときは、質問すること、
疑わしい指導には率直に疑念を表明すること、
間違っていると思われる指導には批判し、抵抗し、拒否すること、
そして、正しい指導にはすすんで従い、より正しいことを提言すること。

これらのなかでとりわけ重要なことは、指導はそれに反対し、拒否する権利、「いやだという権利」を生徒たちに認め、その行使を認めたことである。

なぜならば、それが指導をめぐる対話と討議の起点となるからであり、指導の是非が討議対象となるからである、そして、それが契機となって、生徒たちが自分たちの活動の目的と方法を自分たちで決め、自分たちの活動と自治の主人となることができるようになるからである。

そのなかで、指導は指導されるものに乗り越えられ、新しい指導の形態である生徒たちによる「集団指導」「共同指導」が出現する、いや、それだけでなく、集団と個人が呼びかけ―応答する

なかで、生徒一人ひとりが自己自身を指導することができるようになるとされてきた。

4　指導・被指導の関係の地平としてのケア

だが、競争と排除、「いじめ」という「迫害」、「家庭内暴力」という「虐待」、「ネグレクト」という「棄民化」、そして貧困と未来展望の不確かさの広がりと深まりのなかで、生徒たちが自己と他者、自己と世界に対する「基本的信頼」をもつことができなくなっている。

そうなるにつれて、生活指導はさきにみたような実践を展開する社会的地平を持てないという事態に直面している。「自分はここに存在していていいのか」、「自分に存在する権利があるのか」と疑い、不安と恐怖のなかにたちすくんでいるものが多くなり、そうした存在感覚が「生きづらさ」「傷つきやすさ」として生徒一人ひとりのものになるなかで、生活指導は彼ら、彼女らの存在の空虚化、存在感の欠落それ自体に関与しなければ、生徒一人ひとりの生活と生き方の選択に同伴できなくなっている。

そうしたなかで、「自分はここに存在していていいのか」、「自分に存在する権利があるのか」という生徒たちの悩みに応えるものとして「ケア」と「対話」にたいする注目と関心が教師やカウンセラーのなかにひろがっている。

「ケア」とは、いうまでもなく、「気にかける」「気遣う」「注視する」「配慮する」「世話する」

などを意味することばであるが、それは基本的には人間存在の危機の淵にあるものの傍らに身を寄せて、「あなたはそこにいる」と応じ、「わたしはあなたの傍にいつもいる」と感じさせる行為として現れる。

ここにみられるように、ケアという行為は、人は他者とつながり、かつ他者に依存する存在であるために、他者によって応答されないことに傷つく存在であるという人間のとらえ方を前提としており、それゆえに他者に応答する責任（responsibility）がすべての人にあるとするという倫理に立つものである。その意味では、それは「だれもが、他人から応えてもらえ、仲間としてみなされて、だれひとりとり残されたり傷つけられたりしてはならない」〈注3〉ということを目指すものである。

だが、ケアは他者に同情して、他者を我が物とすること、つまり「他者を我有化する」ことではない。それは、他者の他者性を尊敬し、他者の他者性に限りなく接近し、他者の呼びかけに応答することである。そのなかで呼びかけと応答の関係性が取り結ばれるとき、応答されるものの側に「私がここにいる」という存在の重みが感じられ、「私」という意識が当人のなかに育まれ、「私」は自分自身の要求と必要を意識することができるようになる。それにつれて自己と他者と世界に対する基本的信頼が当人のもとに帰ってくる。

このような呼びかけと応答からなるケアの関係が原基となって、社会的なつながりが取り結ばれ、さまざまな社会的活動（本稿にかかわって言えば、指導と討議）が展開される社会的地平が再生され、ひろがっていく。

そればかりではない。他者に応答するということ、とりわけ、受苦のなかにある他者の呼びかけに応答するということは、他者を受け入れ、他者に対して自己自身を開くということである。そのために、他者に応答するものはこれまでの自分を越えて、他者の前に自己を開示することが求められる。

5　ケアから対話へ、そして討議の復権へ

しかし、それは所与の関係のなかにあって自足していた自分を危機におとしいれ、倒壊させるということでもある。なぜなら、個別・具体的な他者が差し出す個別・具体的問題、その呼びかけは、自分がこれまで持っていたものごとの理解の枠組みや意味づけの枠組みの外部にあること、つまり、その他者がまさに他者として自分の理解を超えていることを痛切に認識させるからである。

そのために、自分が分かった気になって安住していた世界に亀裂が走り、そこに安住してきた自分が傷つくことになる。この「傷つく」ということのなかで、人は、「これまでの自分の《世界》理解を、自分が応答すべきその他者の側から、その他者の身になって考えようと努めることで疑い、そこへと安住することを捨て、その他者の視点へと自己を超えていこうとする」[注4]。それ

によって人は排他的な自己を超えて、私ではない他者と結ばれ、人間となるチャンスを手に入れる。

だが、それが他者の我有化におちいらないようにするためには、自分の内部においてイメージされている内的な他者を自分の外側に位置づけ、その他者が私にたいして自分を開き、傷ついている私をケアし、私に応答する存在であることが求められる。そうであってこそ、私は他者の他者性に触れ、他者に対して応答し返すことができる。

そうした相互応答が「対話」なのである。人はこうした自己と他者との、また私と自己との対話を通じて、他者とともに生きてあるところの世界を意味あるものとして構成していくことができるのである。対話は、自己と他者をつなぎ、社会を編み上げるだけでなく、生きるに値する世界を他者とともに創造する。そして、こうした対話をつうじて、人（生徒も教師もふくめて）は、その世界のなかでの自分のポジションを選びとり、自分の生きる方向を見定め、世界に意識的に参加・関与していくことができるようになるのだ。かくして人は具体的でかつ全体的な存在となる。〈注5〉

わたしはこうしたことが生活指導と「集団づくり」といわれる自治的活動のなかにまったくなかったとは思っていない。そのなかで展開されてきた指導と対話・討議には、こうした試みがつねに伏在していたと思っている。

それをわたしは、「子どもの幸福を夢見る権利に応える」〈注6〉という小論のなかでとりだしている。

いや「私がとりだした」というよりは、教師たちはこうした実践のなかで生徒が自分の存在の具体的全体性を取り戻していくことを意識化することができたといったほうがいい。

この仕事のなかでわたしが企てたことは、生徒たちを存在の空虚化と不幸から解放するために、生活指導における指導と討議を、呼びかけ・応答するケア関係を基底とし、自己と他者との相互応答である対話に貫かれたものに意識的に組み直すことであった。

そうした試みがどのような民主主義に私たちを導いていくかを確かにいうことができないが、そうした試みが進められるとき、わたしたちは指導の管理化、教育の「統治」化を内側から掘り崩すことができるに違いない。

【注】

1　河合隼雄監修、「21世紀日本の構想」懇談会著『日本のフロンティアは日本の中にある』（講談社、二〇〇〇年）一六五頁。

2　こうした状況については、本書の終章「生活指導とは何か」を参照されたい。

3　C・ギリガン『もうひとつの声』（川島書店、一九八六年）一〇九頁。

4　清眞人『創造の生へ』（はるか書房、二〇〇七年）一〇四〜一〇五頁。

5　私がカレル・コシーク『具体的なものの弁証法』（せりか書房、一九七七年）および清眞人『経験の危機を生きる』（青木書店、一九九九年）に依拠して「教育における具体的全体性の復権」を論じたものとして『教育を変える——暴力を越えて平和の地平へ』（桜井書店、二〇〇〇年）の第四章「教育基本法の方へ」をあげておく。

6　佐藤洋作との共編『教育と福祉の出会うところ』（山吹書店、二〇一二年）。

2　いま、なぜ子どものケアか
――子どもを他者と世界につなぐもの

1　「自分を引き受けて生きることができない！」

いま、子どもたちのなかからおとなの予測をこえるような行動がつぎつぎと噴きだし、とどまるところがないが、いったいかれら・彼女らはそのなかでなにを訴えているのだろうか。子どもたちは、おとなや教師たちに悪態をつき、関わりを払いのけ、つながりを断ち、自分たちだけの、さらには自分だけの閉域に閉じこもるが、いったいかれら・彼女らはそのなかでなにを叫んでいるのであろうか。

論証を抜きにしていま結論を先どりしていうと、子どもたちは「この自分を引き受けて生きることができない」と叫んでいるのである。親や教師たちに自分を受け容れられたことがないだけでなく、否定されつづけてきた子どもたちは、その受け容れられなかった自分、その否定されてきた自分をもうこれ以上引き受けることができないと叫んでいるのである。

そうした子どもたちに「それなら、自分の好きなことをすればいいではないか」というおとなたちの声が追いかけてくる。だが、そのような声さえも子どもたちを追いつめる。なぜなら、その子どもたちは「自分である」ことを許されず、やめさせられてきたために、「好きなことをしたい」当の自分などもとからあるわけでないからである。そのために、子どもたちは「自分の好きなもの」を自分のなかに探すことができずに、おとなの声のなかに探し、その暗黙の期待に応えようとする。その結果、子どもたちはますます「自分を引き受けることができない」ことになるのだ。

そればかりではない。「自分を引き受けることができない」という、この叫びは「この世界を引き受けることができない」という叫びでもある。子どもたちからすれば、自分を引き裂き、自分であることを妨げてきたこの世界に敵意をもつことはあっても、それに責任をもつことなどありえない。だから、世界になにが起ころうと、子どもたちには「関係がない」のである。

親や教師たちは「自分の好きなことをすればいい」というが、それは表向きだけのことであって、心のなかでは社会的な約束事を守り、現実の世界に順応することを求めていると子どもたちは察している。子どもたちがそれを守らず、それに従わないと、おとなはすべてを罪悪のようにいう。子どもたちにはそれが「ウザイ」のだ。

だから、すべてをぶっこわしたくなるのである。ないしは、自分をふくむすべてを拒否し、撤退するのである。かれら・彼女らはそういうぶっこわしや引きこもりの行動をつうじて、自分も世界も引き受けることができないと叫んでいるのである。引き受けることができるほどに、大切にされてきたことがないと叫んでいるのである。

2 反抗・拒否の両面価値性

ところで、このような今の子どもたちの存在状況を芹沢俊介は、『現代〈子ども〉暴力論 増補版』（春秋社、一九九七年）のなかで、「イノセンス」（純粋・無垢・無罪・潔白）ということばを用いて見事に解読している。そこで、かれのことばをなぞりながら、現代の子どもの存在状況がどのようなものであるか検討し、あらためて「ケア」の必要性について考えることにしよう。

かれによると、子どもは親の子として強制的に産み落とされたものであって、自分で選んで生まれてきたわけではない。そのかぎりでは、子どもは自分に責任がもてない、根源的に受動的な存在、「イノセンス」な存在である。したがって、子どもには社会的な約束事を守らなければならない義務もなければ、それをやぶったからといって責任を問われるすじあいもない。だから、子どもには「自分には責任がない」、「このままの形では現実を引き受けることができない」と「イノセンス」を表明する権利がある。

だが、子どもはそこにとどまっているかぎりは、いつまでたってもおとなになれない。なぜなら、「イノセンス」であるといくら主張しても、自分を縛っている不自由も世界を覆っている不条理も立ち去ることがないからである。そればかりか、不自由と不条理がますます子どもの世界を埋めつくすことになる。

そのために、子どもは「イノセンス」を表明する権利がありながらも、この「イノセンス」にとらわれている自分から自己を解放することを要請され、みずからもそれを要求しさえする。このような両面価値的な状況のなかで、子どもはみずから選んだものでない不自由をみずから選びなおし、それを越えて自由な生を開いていかなければならない。

こうした観点から見ると、「対抗暴力」は「問題行動」といわれるものに限られるものではなく、その裾野は第一次反抗期、第二次反抗期にみられるような「反抗」や「撤退」にも及ぶものとみていいだろう。子どもはこれらをつうじて自分が「イノセンス」であることを表明しつつも、自分に強制されている不自由・不条理をみずから選びなおして、成熟への道を拓いていかねばならない。

ところで、子どもの反抗的行動や対抗暴力がこのような両面価値的なものであるとすれば、親や教師はこれにどのように応じなければならないのだろうか。

そうした場合、親や教師は反抗的行動や対抗暴力を抑圧し、子どもの「イノセンス」を表明する機会を塞ぎ、「イノセンス」を表明する権利を剥奪しようとする。

だが、そうすることは、反抗的行動や対抗暴力にふくまれている子どもたちの訴え、すなわち、自分たちの存在が不自由と不条理に何重にも縛られているという子どもたちの訴えを無視し、拒否することである。このために、子どもたちは「自分たちの存在がおとなに受け容れられていない」「自分たちの生がおとなに祝福されていない」と思いつめ、反抗や撤退をエスカレートさせることになる。

これに対して芹沢は、子どもがいつまでも対抗暴力にこだわるのは、それをつうじて表明されている子どものメッセージをおとなが受け容れていないからであるという。そうだとすれば、親や教師、広くはおとなに求められることは、子どもが反抗的行動や対抗暴力をつうじて差し出しているメッセージを受け容れることであるという。

「親は子どもによるこの対抗暴力を受け止め、肯定し、それらの不自由が実は自分の存在の根拠であるというように能動的な選びなおしを子どもが行うことができる機会を作っていかなくてはならない。自分がこの世に生まれたことを肯定し、自分がその親たちから生まれたことを肯定し、自分がこの身体この性とこの名前として生まれてきたことを肯定する。こうした肯定が子どもがひとりで世界と出会えるための契機であり、世界との出会いのプロセスそのものである[注1]」

こうした芹沢の主張は、対抗暴力を押さえ込もうとする親や教師の対応とは正反対のもの、つまり対抗暴力をつうじて表明されている子どものメッセージを受け止め、受け容れ、肯定するもの、いいかえれば、不自由な存在である自分を越えて自由を切り拓こうとしている子どもの生を祝福するものである。

3「子どもに選ばれたのではないか⁉」

このようにみてくると、子どもが自分を産み落とし、育ててきた親に、また「この先生なら」と選んだ教師にたいしてことさらに悪い自分をみせつけるのは、この不条理・不自由な自分をまるごと受け容れてほしい、そうした自分が生きるに値する存在であることを保証してほしいからであるということができる。

そうだとすると、そのような子を受け持つことになったり、かれら・彼女らの悪態にさらされつづけたりしたとき、とんでもない子を持たされたなどと受けとめるのではなく、その子らに自分が配慮・応答し、その子らを祝福する存在として「選ばれたのではないか？」「いや、選ばれてしまったんだ！」と受けとめたほうがよい。

だが、そう受けとめるのではなく、とんでもない子どもを受け持たされたと思うと、どうしてもその子の問題行動を客観的・分析的に探り、対症療法的にそれに対応するという「落とし穴」におちいることになる。それを「落とし穴」というのは、その対応がすでにその子をつきはなし、対象化するもの、その子を教育学的、心理学的、医学的な図式にしたがって裁断し、その子の問題行動を操作的に統制しようとするものだからである。そのために、それはいま、ここにあって泣いている子ども、いまここにいる個別・具体的存在としての子どものありのままをまるごと受け容れることから遠ざかり、その子と出会う機会を失うことになる。

もちろん、このような対応がいつまでも必要だというのではない。それが不必要になる「とき」がくる。その「とき」とは、その子が不条理な自分と不自由な現実を受け容れることができるようになる「とき」である。いいかえれば、その子が不条理な自分と不自由な現実をみずからの存在の根拠として、そこから改めてそうした自分と現実を生きようとすることができるようになる「とき」である。その子のまえに生きなければならない世界であり、生きるに値する世界がたちあがってくる「とき」である。

だが、不条理な自分と現実を受け容れることができない子どもには、他者たちと共同して生きる世界は広がっていないのである。かれら・彼女らは、他者たちとのつながりを断ち切られ、だれからも守られていないのである。そのために、世界はかれらにとって安全なものではない。それどころか、壊れてしまった世界はかれらを恐怖と無力のなかにたたきこんでいるのである。

だから、かれら・彼女らにはコモンであるということがどういうことであるかわからず、かれら・彼女らにはコモンセンスというものがなりたたないのである。まっとうだとされていることがいまは通じないのだ。このために、どれだけの親や教師がその子に良心も常識もないといってきたことか。

そういう子どもがいま必要としていることは、正しさを自分に伝えるおとなではなく、苦しみのなかにある自分とともにいてくれるだれかであり、傷ついている自分をつつんでくれるなにものかである。

そうだとすると、これらの子どもに選ばれたものとしての教師に求められることは、なによりもまずかれ・彼女のそばにいて、かれ・彼女の声を「聴く」ことであり、「配慮し、応答し、世話をする」すなわち「ケアする」ことである。

4 「ケアする」ことと「共感する」こと

ネル・ノディングズは泣く赤ん坊との関わり方を例にしてケアについてつぎのように述べている。

「当然のことながら、赤ん坊が泣き叫んでいるときに、わたしたちはその赤ん坊に応答して、どこか具合が悪いのだなと感じる。どこか具合が悪い。これがこの赤ん坊の思いであり、わたしたちのものである。わたしたちは、その思いを受け容れ、分かち合う。わたしたちの出発点は、赤ん坊の泣き叫ぶ声の解釈を試みることではない。……まず最初は、どこか具合が悪いという思いに私たちは応答する。……『お母さんは聞いているわよ』とかと、身体をわが子の方に寄せながら言う。なにが問題なのかを分析しはじめる前に、まず『よしよし、何ともないわよ』と言って、わが子をなだめる。問題の定式化や解決を出発点とするのではなく、思いの分かち合いを出発点とするのである〈注2〉」

これをみると、「ケアする」ということは、赤ん坊の泣き声の「解釈」を試みることではなく、赤ん坊に「気をかけ」「気遣い」「身をよせ」「その思いを受け容れ、分かち合う」こと、これらのひとまとまりの行為であるといっていいだろう。「気にかける」ということはだれかに関心をもつことであり、「気遣う」ということはだれかについて心配することである。そうだとすると、「気にかける」「気遣う」ということはだれかの幸・不幸に、だれかの存在のあり方に配慮することである。

ということは、私たちはきっと大きななにものかにそのだれかの保護や福祉や運命を託されている、ということである。それを私たちが引き受けるのは、そのだれかに望まれているからではなくて、だれもが他者と世界によって気遣われ、愛されるべき存在であり、尊敬されるべき存在だからである。このようにケアの倫理は、「だれもが、他人から応えてもらえ、仲間としてみなされて、だれひとりとり残されたり傷つけられたりしてはならない」（C・ギリガン）という見解をふくんでいるのである〈注3〉。

ところで、その気遣い、配慮がそのだれかのなかで実をむすぶためには、そのひとの悲しみや喜びに共感できなくてはならない。だが、「共感する」とは一体どのようなことなのだろうか。

アンドレ・コント・スポンヴィルによると、「それは他人の感情に気持の上で参与すること（他人に共感するとは、一緒に同じ仕方でたがいに感じあうことだ）」であり、その参与から生まれる喜びや魅力であるとされている〈注4〉。

ノディングスもまた、「共感」とは「自分の人格を何ものかに投げ入れる力能、さらに凝視している対象を十分理解し、それに自分の人格を投げ入れる力能」であるとされていることにたいして異議を申し立て、「この定義は、『共に感じること』の、特別に合理的で、西洋的で、男性的な捉え方であろう。これまでわたしがあらましを述べてきた『共有される感情』という概念は、投げ入れではなく、受け容れを含んでいる」とのべている〈注5〉。

ここでいわれている「投げ入れとしての共感」は、ケアするものの思いを押し付け、それにもとづいて相手の感情を裁断する危険性をもっている。これにたいして、「受け容れとしての共感」は他の人の「現れ」に自分を委ねる。受け容れるということは、「世界を変容しようとしているのではなく、自分自身が変容されるのを許しておく」ことである〈注6〉。

この指摘は、「投げ入れとしての共感」がなぜケアするものの感情の押し売りになるのか、なぜケアするものの思い上がりになるのかをよく説明している。ケアするものは「受け容れとしての共感」をつうじてはじめて自分の思い込みや思いあがりから抜け出し、他者の個別・具体的な状況を共有することができるようになる。そればかりか、苦境のなかで苦闘しているものの声を聴きとり、その人を尊敬できるようになるのである。

「同情は対等な者のあいだでしか意味をもたない。というよりもむしろ同情は、苦しんでいる者と、そのかたわらにきてこの先同じ地平に身を置いてその苦しみを分かちあおうとする者とのあいだに平等を実現するのだと言った方がいいかもしれない。こうした意味で、憐憫は必ずある種の軽蔑をともない、同情は必ず尊敬の念をともなう〈注7〉」

ここでいわれている「同情」は、上のものが下のものを憐れむものではなく、同じ地平に身をおいて苦しみを共有する「共感」や「愛」を意味していることに注意しよう。

5　自己のケアと他者のケア

だが、「受け容れとしての共感」にもとづくケアは、自分を他者のケアに駆り立てて、バーンアウトさせないだろうか。他者のケアに走るあまりに、自分の精神を他者に預けてしまう悲惨におちこむことはないのだろうか。実際、教師やカウンセラーのなかに、ケアのためにバーンアウトしてしまうものも少なくはない。

それればかりではない。「受け容れとしてのケア」がケアの過剰によって、ケアされるものに自分自身を引き受けることを先のべさせないだろうか、このためにケアされるものの自立をおくれさせることがないだろうか。

このようにケアするものがバーンアウトしたり、ケアされるものの自立を妨げたりすることがあるのはなぜなのだろうか。これについては、そのケアが他者のケアにのめりこんで自己をケアすることがないからであり、そのケアが他者を保護しすぎ、保護という名によって他者を無意識に支配するものとなるからだといわれるが、これは一体なにを意味しているのであろうか。

さきにもみたように、「ケア」とは他者のありのままを受け容れ、その他者の呼びかけを聴き取り、それに応えることであるとされる。また、「愛する」ということは、他者を心に受け容れ、他者の自己実現に参加することであるとされる。

だが、この過程がそう単純なものではない。なぜなら、他者を「受け容れる」ということは、他者の苦境を引き受け、他者とともに苦闘することでもあるからである。また、他者に「応答する」ということは、他者の訴えに応え、他者の苦闘を支援することであるからである。

しかし、そうすることはケアするものをしばしば危機にさらす。なぜなら、ケアするものが相手にかかわるあまりに相手に呑みこまれて、相手に引き回されることになるからである。そのために、相手と程よい距離をとらなければならないと自分をコントロールしようとするが、そうすることが相手を拒否することになるのではないかと迷うからである。だから、どうしても無理をしてしまうのである。

また、苦境のなかにある相手に「同情」してしまうという陥穽にはまるからである。そして、その同情に無意識に陶酔してしまって、相手を自分の保護のなかに囲い込んでしまうからである。そうした場合、ケアするものがケアされるものを自分の思いどおりにしようとすること、つまり「他者の我有化」にとらわれて、「他者の他者性」を尊重しないことに陥る。

そればかりではない。ケアするものがそうしたことに気づかないということは、自分中心主義におちいっていることに気がつかず、自分自身の心身の健康を失っているということである。つまり、自分に気遣い、配慮すること、いいかえれば、自分をケアすることができなくなっているということでもある。

ケアするものが自分との関係において無理をし、がんばっているとき、そのケアは相手に無理を強い、「がんばる」ことを無意識に要求し、それに応じない相手にたいして憎しみをもつことになる。そうなればなるほど、ケアするものはますます自分のいたらなさを責め、自分を苛むことになる。

一体どこでケアすることがねじれてしまったのだろうか。それは「他者を受け容れる」「他者と苦境を共にする」ということか、そういう言い方のなかにあるのではないか。「他者を受け容れる」ということは、他者を丸ごと受け容れることのなかで、「他者の他者性」が立ち現れてくること、言い換えれば、他者の内側から「私」が立ち上がってくることを待ち、その立ち現れてくる他者を歓待することである。その意味では、ケアは、ひそかな自己実現の試み、自分の生命を開こうとする他者の試みに敏感になり、それに応答することである。

エーリッヒ・フロムは「愛することは生産的能動性である。それは人物、木、絵、観念を尊重し、知り、反応し、確認し、享受することを意味する。それに生命を与えることを意味し、彼の(彼女の、それの)生命力を増大することを意味する」とのべている。〈注8〉

それとおなじくケアは、他者の生命の「現れ」に応答し、それに参加することをつうじて生きるに値する世界を他者とともに編み上げていくことでなければならない。だから、ケアはみかけは苦しいものにみえるかもしれないが、それはつねに他者と自己のなかでの生命の「現れ」に向けられているものである。だから、ケアにはユーモアが生まれ、笑いがともなうのである。

しかし、このような他者の自己実現の試みに敏感になり、応答することができるようになるためには、ケアするものが自己の自己実現の試み、自己の生命の開かれ方に敏感であり、応答することができるもの、すなわち、自由であるものでなければならない。

もともと「ケア」とは自己への配慮を意味し、自己と世界の平和に配慮することであった。ケアするものはそういう自己や世界へのケアを介して、他者のケアに関わっていくのである。自己の自由と不自由に敏感でないもの、それに応答することができないものに、他者の自由と不自由に敏感であることができるわけがない。ケアとは、自己のひそかな声に耳を傾け応答するのとおなじように、他者のひそやかな声に耳を傾け応答することであり、一方的なケア提供の侵害性・暴力性を批判するものである。

6　相互応答をつうじて共生の世界を編みあげる

そればかりではない。自己をケアすることを知っているものは、その行為を通じてケアされるものに自己自身をケアすることを、自己の生命に敏感であり、応答することを、さらには他者とともに共生の世界を編みあげていくこと、他者とともに平和である世界を立ちあげていくことを教えるものである。

自己をケアするということは、選択を前にして思い迷う自己をどう受け容れ、どう引き受けるのか、その自己にどう応答責任を取り、自己の自由を実現していくのかということである。私たちはそうした自己へのケアをつうじて、他者のケアへと進みでるのである。つまり「自分を大切にする」ことをつうじて「他者を大切にする」ことに進み出るのであり、自己の自由をつらぬくことをつうじて他者の自由への希求に応答するのである。だから、「愛は自由の子だ」といわれるのである。

このように自己へのケアをとらえると、他者をケアするということはたんに世話するということではなくなる。それは、他者が自分自身を受け容れ、引き受けることができるようになること、自分にたいして応答責任をもつことができるようになることを願うことであり、他者がそうすることができると信ずるということである。

子どもを歓迎し、祝福し、「生きていていいんだよ」というメッセージを送ることも、子どもに配慮し、応答することも、子どもに選ばれたものとして子どもを受け容れ、引き受けることも、これらはすべて子ども自身が自分を受け容れ、引き受けるようになること、他者とともにこの世界を生きることを引き受け、引き継ぐようになることを願ってのことである。

そうだとすると、配慮し、応答するということは一方的な行為ではない。それはケアするものがケアされるもののなかに自己を引き受ける勇気、他者を受け容れる共感という「徳＝ちから（virtue）」を育てていくことである。そうした「徳＝ちから」を育てていくことをつうじて、ケアは子どもを自己に結びつけ、他者と世界につなげていくのである。

当然のことながら、その受け容れるべき他者のなかに親も教師も入っている。親や教師は子どもに受け容れられてはじめて親や教師になることができるのである。ここではケアするものがケアされるものとなっている。

このようにケアリングとは、ケアするものとケアされるものとが相互にケアしあうようになることであり、相互にケアするものの世界を共同して編みあげ、立ちあげ、世界に構成的に参加していくことである。そうしたときはじめて子と親、生徒と教師のあいだに、あらゆる人たちとともに生きる平和な世界が広がっていくのである。

地上の世界のあらゆることはここから始まるのである。（注9）

【注】

1　芹沢俊介『現代〈子ども〉暴力論　増補版』（春秋社、一九九七年）二二頁。
2　ネル・ノディングス『ケアリング』（晃洋書房、一九九七年）四八頁。
3　C・ギリガン『もうひとつの声』（川島書店、一九八六年）一〇九頁。
4　アンドレ・コント・スポンヴィル『ささやかながら、徳について』（紀伊国屋書店、一九九九年）一七五頁。
5　ノディングス、前掲書、四八頁。

6　同前、五三頁。

7　スポンヴィル　前掲書、一八八頁。

8　エーリッヒ・フロム『生きるということ』（紀伊国屋書店、一九七七年）七一頁。

9　ケアと生活指導との関係については、拙稿「生活指導研究の課題」（『生活指導研究』第二〇号、エイデル研究所、二〇〇三年）を参照されたい。

3　生徒にことばが届くとき

いま、「教師のことばが生徒に届かない」ことが教師たちの切実な問題となっている。ということは、「生徒が教師のことばに応答しない」ことが問題になっているということだろう。そうだとすると、「生徒にことばが届かない」という言い方のなかには、生徒の方が教師のことばを受け容れ、応答することがなくなったというニュアンスがあるように思われる。

たしかに、拙著『読むことの教育』（山吹書店、二〇〇五年）所収の「教室のなかのことばの断層を越える――言語における国家と市場と市民社会」で論じたように、そうした面がないでもないが、「教師のことばが生徒に届く」とか、「教師のことばに生徒が応答する」とかいったことはこれまで本当にあったのだろうか。実際に両者のあいだにあったのは、対話的な関係ではなく、権威・服従的な関係であって、教師のことばは「無条件的な承認」を求めるものであったのではないか。もちろん、それは反面において「無条件的な拒否」を伴うものであったが。

そうだとすると、「ことばが生徒に届かない」とか、「ことばに生徒が応答しない」とかいったことははじめから学校のなかの教師と生徒の関係に埋め込まれていたということができる。そのもともとからの「無条件的な承認」「無条件的な拒否」がいまむきだしになっているのである。

もちろん、前者よりも後者が前面に出てきている今日的特質については検討しなければならないが、それはさきの拙著で論じたので割愛して、本稿では教師と生徒のあいだにおいてことばが伝達と受容、命令と服従との関係をとることがあっても、対話的な関係をとることがないという基底的な問題を検討することにしよう。

1 「権威的な言葉」としての教師のことば

ところで、このように一方的に受容と承認を強いる教師のことばは、バフチン〈注1〉によると、権威性・伝統性・公認性・公式性を盾にして、世界にたいする特定のかかわり方、特定の見解と行動を一方的に強制する「権威的な言葉」である。

それは、自分を肯定したり、称揚したりすることばを組織することはあっても、けっして周囲の人々のことばと交流したり、融合したりすることがない。それは、他者と対話することのない強固な統一体として、他者のことばのなかに侵入し、他者のことばを抑圧し、排除していくか、自分のことばのなかに包摂していく。ちょうど「学校ことば」が「方言札」という懲罰をつうじて琉球方言を排除し、「国家語」を沖縄に一方的に強制したように、権威的な言葉は他者のことばを排除していく。

このために、「その周囲には、戯れも、相矛盾する情緒も存在しないし、それは波立ち、様々な響きをたてている対話的な生活に囲まれていない。権威的な言葉の周囲ではコンテキスト（政治的、社会的、文化的文脈）は死滅し、言葉は萎えてしまう〈注2〉」。権威的な言葉は、人々のコンテキストを敵視し、抑圧するために、人々は自分たちのコンテキストから自分たちのことばを発話することができない。

権威的な言葉が支配するところでは、人々はそれを受動的に理解するだけである。「受動的な理解」は権威的な言葉を「複写」するだけであって、それと対話し、それに新しい要素を付け加えない。また、それは権威的な言葉のコンテキストを問い返し、そのコンテキストの領域外に出ることがない。ということは、そのコンテキストの領域外の当人のコンテキストを当人自身に意識化させることがないということでもある。

このようにみてくると、「ことばが生徒に届かない」とか、「ことばに生徒が応答しない」とかいった状況は、権威的な言葉をめぐる状況とそっくりである。「ことばに生徒が応答しない」ということは、生徒が教師のことばに対話的に応答しなくなったということではなく、もはや受動的な理解さえもしなくなったということである。また、「ことばが生徒に届かない」というのは、生徒が受動的な理解さえも演じなくなったということであり、教師のことばを権威的な言葉として忌避し、あからさまに無視し拒否するようになったということである。

このために、今日、生徒たちが教師のことばにたいして黙り込み、無視するだけでなく、「うちら」という閉鎖的な私的圏域のなかで喋りあうだけという事態が広がるようになっているのである。

2 対象に向かう話し手と聞き手のことば

それでは、教師が権威的な言葉からぬけだし、生徒にたいして対話的で説得的なことばをもつにはどうしたらいいのだろうか。

一般に、話し手のことばは、問題の対象に向かうなかで、それらをめぐるさまざまな他者のことばに取り囲まれる。その場合、モノローグとしての権威的な言葉はこのさまざまな他者のことばを排除するのにたいして、対話的なことばは対象に向かう際に出会うだろうさまざまな他者たちのことばを視野に入れ、それらとのかかわりで聞き手に語りかけることばを構成する。

「自己の対象に向かう言葉は、他者の言葉、評価、アクセントが対話的にうずまいている緊張した環境に入ってゆき、その複雑な相互関係の中に織りこまれ、ある言葉とは合流し、ある言葉には反発し、またある言葉とは交差する（注3）」

このようなさまざまな他者のことばを媒介にして、話し手は聞き手に話しかける。そのような働きかけを受けるなかで、聞き手が話し手のことばだけでなく、そのなかの他者たちのことばをも聞く。ということは、聞き手はこれまでの自分のことばのなかにひそんでいた他者たちのことばを意識化し、それらと内的に対話しながら、話し手に応答していく。聞き手はこのような内的な対話をすすめながら、対象に関する自分のことばと理解をつくりあげていくのである。

つまり、問題の対象を前にして、話し手は聞き手と横並びになってそれについての対話をするのである。教師が黒板の前に立って、背後に存在する世界をおおいかくすように、権威的な言葉で対象をおしかくし、それについての言説を独占し、聞き手におおいかぶさるように話す。それにたいして、対話的なことばにあっては、話し手と聞き手は横並びになって対象と対面して、それについてことばを交わすのである。

このどちらの形式をとるかによって、教師と生徒の関係、教室空間のあり方が変わることはいうまでもないだろう。このような対象をまえにして横並びになって教師と生徒がことばを交わすことのなかで、生徒は対象を理解する自分固有のことばを編みあげていくのである。

「言葉が自己の対象を概念的に理解する仕方は、複雑である。つまり、あらゆる〈条件づけられ〉、〈あらかじめ論難された〉対象は、様々な社会的見解や、この対象についての他者の言葉によって、一方では照らしだされ、また他方ではおおい隠されるのである。そしてこの複雑な明暗の戯れの中に言葉は入ってゆき、それにひたされ、その中で自分自身の意味と文体の境界面を作りだしてゆく[注4]」

受動的な理解は、対象ついての権威的な言葉をオウム返しするだけであるのにたいして、積極的な理解は、対象についての話し手のことばを手がかりにして、さまざまな他者たちのことばと対話を重ね、対象についての自分固有のことばをつくりだしていくのである。いいかえれば、積極的な理解とは、聞き手が自分のなかのさまざまな他者のことばを意識化しなおし、さまざまな他者のことばのなかに自分のことばを定位していくことである。ということは、世界に対するさまざまな対応のなかに自分の対応を位置づけていくということである。

3　対話と内的対話

このようにみてくると、話し手のことばは、対象をめぐるさまざまな外的な他者たちのことばだけではなく、聞き手の内面におけるさまざまな他者たちとの対話にも応答するものとして構成されなければならないということになる。

「言葉が他者の言葉と出会うのは、対象においてだけではない。あらゆる言葉は応答に向けられており、予期される応答の言葉の深い影響を免れることはできない。

生きた会話の言葉は未来の言葉＝応答に直接明からさまに向けられる。すなわち、それは応答を挑発し、それを予期し、それに向かって構成される〈注5〉」

つまり、内的説得力のあることばは、対話するだろう未来の聞き手のなかに現れてくる応答や理解、視点やコンテキスト、世界にたいするかかわり方を意識して、自分のことばを構成するのである。

このことは、実際に話し出すまえに、話し手は聞き手と内的な対話的関係に入っていることを意味している。この内的な対話のなかで、話し手は聞き手がどのように自分のことばに応答し、どのように自分のことばを理解するかを読み取るのである。また、そのなかで聞き手の応答のことばをまえもって聞き取るのである。そのために、話し手は聞き手がどのようなコンテキストのなかにあり、どのような生活をしているのかを知らなくてはならないのだが、それは聞き手の生活を客観的、第三者的に知ることではなく、聞き手が生活現実をどのようにとらえ、生きているか、それをどのように構成し、それにどのように関与しようとしているかを読み取ることである。

これは「生徒を理解する」ことであるというよりは、「生徒が見えてくる」ということである。いいかえれば、生徒が見えてくるかどうかは、教師が生徒とどれだけ内的対話を交わし、生徒のなかに命の現れを感じとれるかどうかによって決まるものである。

だがそれはともかく、話し手はこのような内的対話をつうじて自分のコンテキストと聞き手のコンテキストをすりあわせ、対話のなかで生まれてくる混成的なコンテキストを想定する。そして、この予想される混成的コンテキストのなかで発話されてくるだろう他者のことばにたいして自分のことばを構成するのである。実際の他者との対話は、すでにこのような話し手の内的対話としてはじまっているのである。

そのなかでは、話し手のことばはすでに他者のことばをとりこみ、自分と他者の「多声的」なものとして構成されているのである。だから、それは聞き手にたいして挑発的なことばとなるのであり、内的な説得力を持つことばとなるのである。

このようにみてくると、内的説得力のあることばは、権威的な言葉とはちがって、現実の他者と対話するまえに、未来の他者と内的に対話し、未来の他者の反駁や同意を挑発し、期待するものとして自分のことばを構成するのである。だから、未来の他者である聞き手も、このような話し手のことばに応答し、それに自分のことばを対置し、その対話のなかで自分のコンテキストを広げると同時に、それを異化し、その豊かにされたコンテキストにもとづいて自分のことばと世界に対する自分のかかわり方＝態度を発展させ、問題の対象を新しく意味づけなおし、新しい世界を構成していくのである。

その意味では、「理解はただ応答の中でのみ成熟する。理解と応答とは弁証法的に一体となって、相互に他を条件づけ、相互に他を離れては存在しえない〈注6〉」のである。

4　ケアリングから対話へ

だが、このような自他のことばが相互応答的に対話する次元、自己と他者のことばが「多声的」なものとなる対話の次元は、どのようにして拓かれていくのだろうか。

発達＝関係論的な観点からいうと、言語のなかのことばは個人にとっては当初は他者のことばとしてあるのであって、自己のことばとしてあるのではない。その意味では、自己のことばと意識はまだ他者のことばのなかに包みこまれて眠っているのである。

そのような次元での他者のことばが権威的な言葉であるとき、子どもの自己を抑圧するために、子どものなかに自分のことばがつくりだされていかない。これにたいして、子どもは他者に配慮され、応答されているとき、つまりケアされているとき、自分が他者と世界に受け容れられることを体感し、それをとおして世界と他者にたいする、またひいては自己にたいする「信」を育てていく。その「信」のなかで、自己のことばと意識はめざめはじめるのである。

子どもは自分を受け容れ、自分に応答する他者がいるから、からだや行動をつうじて自己を表出するようになるのである。その表出がどのようなものであっても、子どもの周りに「はい、はい。私はあなたのそばにいて、あなたを見まもっていますよ」「あなたのことばを聞いていますよ」という応答があるとき、未発の自己のまえに他者と共生する地平が拓かれていく。その意味では、ケアは「原対話」だということができる。[注7]

このような地平が拓かれ、世界と他者と自己にたいする「信」がつくられていくとき、他者のことばのなかに包まれていた自己のことばと意識が目覚め、他者にたいして応答的に自己を表現しはじめる。その意味では、この地平は対話を生み出す胎盤である。この地平が拓かれないときは、相互応答と対話は力強く育つことがない。

ところが、この地平がつくられないとき、また、それがつくられたことがあっても、そこから振り落とされるようなことがあると、自己は世界からも他者からも切り離されて、存在しないものとなる。だから、他者のことばに応答することができなくなり、対話をつうじて世界にたいする自己のかかわりを深め、広げていくことができなくなる。

その意味では、このケアの地平は不可欠であるが、そこから自動的に自分のことばが生まれてくるわけではない。ケアがつくりだす「信」に支えられて、子どもが他者のことばに選択的に対応し、受け容れるべきものは受け容れ、拒否すべきものは拒否し、疑わしいものを疑わしいとするとき、他者のことばと区別される自分のことばがたちあがってくる。

「言語の中の言葉は、なかば他者の言葉である。それが〈自分の〉言葉となるのは、話者がその言葉の中に自分の志向とアクセントを住まわせ、言葉を支配し、言葉を自己の意味と表現の志向性に吸収した時である。この収奪の瞬間まで、言葉は中性的で非人格的な言語の中に存在しているのではなく、……他者の唇の上に、他者のコンテキストの中に、他者の志向として存在しているのである、つまり、言葉は必然的にそこから獲得して、自己のものとしなければならないのだ」〈注8〉

このような出来事が生徒たちのなかに起こることは、困難な問題を抱えてきた生徒たちが話し出した記録のなかにみることができる。

5　対話をとおしての世界への構成的関与

ところが、このような過程がすすむと、権力的な言葉は他者のことばと自分のことばとの相互応答に介入し、それを抑圧する。これにたいして、対話的なことばはこの過程を促進する。促進するばかりか、それは、この過程から立ち現れてくる自分のことばと緊密な関係をとり、それを豊かにする。

「我々の意識の日常において、内的説得力を持つ言葉は、半ば自己の、半ば他者の言葉である。内的説得力のある言葉の創造的な生産性は、まさにそれが自立した思考と自立した新しい言葉を呼び起こし、内部から多くの我々の言葉を組織するものであって、他の言葉から孤立した不動の状態にとどまるものではないという点である。それは我々によって解釈されるというよりは、むしろ自由に敷衍されるのであって、新しい素材、新しい状況に適用され、新しいコンテキストと相互に照らしあうのである」

「それればかりでなく、内的説得力のある言葉は、他の内的説得力のある言葉と緊張した相互作用を開始し、闘争関係に入る。我々がイデオロギー的に形成される過程は、まさに我々の内部において異なる言語・イデオロギー的視点、アプローチ、傾向、評価などが支配権を求めて繰り広げるこのような緊張した闘争なのである。内的説得力のある言葉の意味構造は完結したものではなく、開かれたものである。内的説得力のある言葉は、自己を対話化する新しいコンテキストに置かれるたびに、新しい意味の可能性を余すところなく開示することができる」〈注9〉

ここにみられるように、聞き手は話し手のことばを引き取り、それを新しい問題、新しい状況に広げ、新しいコンテキストと照らしあわせていくなかで、そのことばの新しい意味の可能性を究めていく。そのなかで、権威的な言葉や非人称的なことばを批判し、それに抵抗していくなかで、聞き手と話し手は「我々の言葉」「自分たちの共通のことば」をつくりだし、そこに自分たちの社会的コンテキストにふさわしい社会的言語を発展させ、それをこれまで自分（たち）をつつみこんでいた社会的言語に対置していく。

相互応答的で相互活性的な対話のなかでこのような新しい社会言語がつくりだされていくにつれて、人々の世界にたいする意味づけと行動が変わっていく。そのなかで、人々はこれまでの世界の意味づけをこえて、新しく意味づけられた世界を構成し、それに主体的に関与していく。

それとおなじく、生徒たちもまた、このような対話のなかで、新しいつながりと協働を生み出し、自分たちの新しい社会的言語をつくりだし、世界を新しく構成しなおし、それに主体的に関与していくようになる。そこに、世界への構成的関与としての「学びと参加」が広がり、生徒たちと教師を世界に開いていく公共空間がたちあがっていく。

【注】

1　バフチン『小説の言葉』（平凡社、一九九六年）。

2　同前、一六三頁。
3　同前、四〇頁。
4　同前、四〇〜四一頁。
5　同前、四五頁。
6　同前、四八頁。
7　ケアについては拙稿「子どもを他者と世界に結ぶもの」（『生活指導』二〇〇四年一〇月号）ならびにその改稿である本書Ⅱ—2の「いま、なぜ子どものケアか」を参照されたい。
8　バフチン、前掲書、六七〜六八頁。
9　同前、一六五頁。

4　生徒がことばに開眼するとき

1　発話しはじめる高校生

ここに、高校生がどのようなときに、どのような場で自分をつつみこんでいる「ことば」を切り裂いて、「自分のことば」を獲得していったかを書いている五つの記録がある。〈注1〉

山口直之の「自分史に取り組む」は、入学直後の「総合」（科目）の一時間目から「生命・生きること、あるいは死を実感した体験を語る」トーキングサークルを開いている。そのなかで、祖父母の死に立ち会った話、いじめにあって自死を考えて屋上に向かった話、母親に「一緒に死のう」とせまられた話などが生徒のなかから語りだされたころから、クラスのなかに友だちの話を真剣に聞く雰囲気が生まれていったという。聞くことができるようになったということは自分を引きつけることばに出会ったということである。

さらに、問題生徒A子が学校批判を旗印にして生徒会長に当選し、自分たちの要求をめぐって教師たちと討論するなかで、また評論家風の衒学的発言をくりかえしていたN子が仲間とともに生きはじめるなかで、自己表現のための自分のことばと他者と交流する共通のことばを必要とし、これまで自分が無意識につかってきたことばと格闘するようになったと報告している。

これらは、生徒が自己を表現し、他者と交流することのなかで、「ことば」と出会い、「自分のことば」と「自他に共通することば」をつくりだそうとしはじめたことをよく示している。彼女らは自分のことばが他者に聞き取られ、返されてくることのなかで、つまり相互応答のなかで自分のことばに力があることを知るのであり、他者と話し合い・論じ合って現実世界にむけての共同の行動を組織することのなかで「ことば」の力に開眼している。

そればかりではない。彼女らにあっては、「ことば」はまず直接的な他者との交流のなかの「話し・聞くことば」として、「声の文化のなかのことば」として立ちあらわれていることに注意しよう。そのなかで彼女らは自分を沈黙のなかに追い込んできた既存の「ことば」、自分を疎外してきた既存の「ことば」の閉域を切り開き、彼女らの内と外に新しい世界を現出させる自分たちのことばを見出したのであろう。だから、A子が自分史を書くことのなかで自分の新しい書きことばを、N子は自分の感応＝表現を可能にする自分の新しい書きことばを追求しはじめたのである。

このような「ことば」との出会い、「ことば」への開眼が山口の実践のなかに成立しているのは、学びから排除され、学びに背を向けてきた生徒たちを引き受けてきたかれの学校が「総合」と「ホームルーム」をコアにして三年間の生徒たちの生活と学習、からだとこころ、話しことばと書きことばを総合的・全体的に発達させていく伝統をつくりあげてきたからである。

そのなかで、国語科も生徒たちの生活から分離したものではなく、彼女らの生活に根ざし、彼女らの生活にかえっていくものとして組織されてきた。ということは、「国語科」教育は「総合」・ホームルームにおけることばの教育と結びつき、「国語（国のことば）」の教育としてではなく、自分たちの「ことば」の獲得の教育として行われていることを意味している。その意味では、山口の学校では、国語科をふくめてすべての教科・教科外の学習指導が生活指導と深く結びついて展開されているというか、生活指導を介して教科・教科外教育が人間形成としての学習指導（「学び」）に組みかえられているといっていいだろう。

2 「学校のことば」から「自分たちのことば」へ

これとおなじ実践的志向は竹島由美子「実感に寄り添う言葉に出会うとき」のなかにもある。彼女の学校も、学びから排除されただけではなく、学びによって深く傷つけられてきた生徒たちの学校である。そのために、生徒たちは学校と国のことばに自己を固く閉ざし、応答することがない。かれらはもうこれ以上傷つきたくないために、授業にたいして自己を閉ざしているのである。

それにもかかわらず、かれらはいまも学校に囲い込まれ、学校によって周辺化されている。そのことは、「延々と続く（体育系生徒の―引用者）表彰式をただぼんやり見ているだけの一般の生徒たちに光が当たることはほとんどありません」という竹島のことばのなかによく現れている。かれらは学校（国）のことばだけではなく、学校行事や校歌（ときには国歌）の演奏・斉唱によっても周辺化されているのである。

このような学校空間に対抗するかのように、竹島は山口文彦との共著『虹を追うものたち――授業と演劇を通して自己変革をめざした生徒たちの軌跡』（高文研、二〇〇三年）のなかにみられるような演劇実践に取り組んでいる。周辺化されてきた生徒たちのつぶやきをシナリオ化した演劇をかれらとともに立ち上げ、その共同的な演劇空間を権威的な儀式空間に対置し、そこに対抗的な公共空間をたちあげようとしている。

そうしたなかで、竹島はつぎのような不登校の生徒の声とことばをとりだしてくる。

「その頃の僕にとって学校はまさに戦場でした。行けば必ずズタズタに傷つけられる。だから僕は家の中に閉じこもって自分を守ろうとしました。担任の先生はとても信頼できる人で、何度も話しに来てくれましたが、その頃の僕は心を閉ざして自分の殻から出る勇気がありませんでした。けれどもそのひとりきりの空間は、実はもっと地獄でした。だってそうするしかない弱い自分を、今度は自分自身が憎むようになっていましたから。いまも言いたいことの半分も主張できない僕ですが、でも学校に来て、みんなとこうして過ごしているということだけで心は満たされています」（前掲書、三五頁）

竹島はこのような生徒のことばを美しいと感じている。生徒たちが学校のことば・国のことばによって深く傷つけられていることを考えると、ことばの教育は生徒たちの魂をケアし、癒し、救うものでなければならない。この点では竹島の実践は後述する今村梅子の実践と相呼応するものがあるように思われる。

それはともかく、演劇をつくることと平行して、彼女は「現代文」の授業のなかで、勉強したことがないと豪語する生徒たち、漢字が多くてわけがわからないという生徒たちにたいして、「自分の考えを言葉にする」ことを妥協なく要求し、かれら・彼女らのことば・意見によって授業をつくりあげていく。そうすることによって、彼女は生徒たちを苦しめてきた学校のことばを、生徒たちの思いを解放するかれらのことばに転生させている。生徒たちは彼女の問いに応じて、自分たちの生活経験を掘り下げ、それにもとづいて教材をかれらにとって意味あるものにしている。その一端は記録のなかに書きとめられている「こころ」の授業のなかの生徒の発言にみることができる。その生徒のことばに触れて、彼女はつぎのように生徒たちに語っている。

「君たちがそうであるように私も今彼が心の奥底から生み出してくれた言葉を通して、彼の真の姿に出会ったという気がしたんです。だから言葉は大切です。言葉を通して人は人と本当に出会うことができるのですから。これからはそれぞれが自分の言葉を獲得できるように、今まで以上に書くことに力をいれて勉強しよう！」

竹島と生徒たちは、学校のことばが強制する「正解」に縛りつけられている教材のなかを自分たちのことばを求めて「密猟」の旅をつづけていく。この「密猟」の旅のなかで、もっとも教育されているのは生徒であるよりも竹島である。それができるからこそ、竹島は「教育困難校」の教師であることができているのだろう。

3 「うちら」のことばを越えて

竹島の生徒たちが抑圧的な学校のことばに自己を閉ざしているものたちであるとすると、齋藤知也が取り組んでいる生徒たちは自分たちを「うちら」と絶対化し、「うちら」にかかわらぬものには関心を払わないというものたちである。齋藤によると、「自分にとっての意味」をつかみたいが、それがなければやる気にならないという二つの傾向がかれらのなかに強くあるという。

このちがいは、前者は支配的な学校ことばにとらわれている生徒だとすると、後者は自分の好みを絶対的な基準としてことばを消費している生徒だということができるだろう。別の観点からいうと、後者は市場（マーケットまたはメディア）のことばを盾にして学校のことばをそらしているということもできる。

だが、そのために、かれらのことばは市場のことばのなかに包まれ、溶かされて、市場のことばをモノローグまたは「集団的な独り言」として繰り返すことになる。その半面において、かれらは「うちら」とは異なる他者のことばに自己を閉ざす。そのために、かれらは異なる他者と対話することをつうじて、他者と世界に共通することばをつくりだしていく機会を逸している。

こうした生徒の傾向に迎合するかのように、いまの国語科は個別的な言語技術、コミュニケーション・スキルの習得に分断されている。こうしたなかでは、「自分史を書く」という選択科目が置かれたとしても、それは他者との関係のなかで自己をつくってきた過程、他者のことばとの争いまたは交流のなかで自分のことばをつくってきた過程を書くものにならず、かえって権威者に迎合して「自己PR」を書くものとなる危うさをふくむものとなっている。

それはともかく、このように「うちら」のなかに自足する生徒たちにたいして、齋藤は「一見身近に感じられない」教材を提示し、かれらのなかに「現状の自己を問い直す」力を育てることを課題としている。つまり、かれは異なる他者としての教材を提示することをとおして、いまの自分とその自分を取り囲んでいる世界を異化させ、それとは異なるもう一人の自分ともうひとつの世界が存在していることをかれらに意識化させようとしている。いいかえれば、このような異化と意識化をつうじて、齋藤はかれらに自分たちの社会的文脈（コンテキスト）を開き、そのなかに幽閉されている自分たちの物語（テキスト）を取り出すことを求めているのである。

そうした試みは「高瀬舟」と「徒然草」にそくして具体的に説明されているが、問題はその試みがどのように生徒たちに受け容れられ、批判されたのか、そのなかで生徒たちが教材をどのように読み、どのような読書共同体をつくりながら、共通のことばを編み出していったかであろう。

4　自己と他者を結び付ける「聞き書き」

神林桂一「書くことで自分と他者とを結ぶ――『国語通信』と『聞き書き』を中心に」は、出自も、経歴も、学習歴も異なる二〇余人の生徒からなる定時制高校のクラスでのことばの教育を報告している。

こうしたクラスでは、全日制高校普通科でみられるような、等質的な生徒集団を対象とする「教科書だけを使った一斉授業」は成立しない。だが、かれは、その成立しない状況を積極的にとらえて、「『国語表現』的・『現代社会』的・『総合学習』的な授業」をつくりだしている。このために、かれの試みはさきの山口の「総合」の授業と似ており、それは「ホームルーム」的・「生活指導」的でもある。

かれは自分の授業を「他者を見つめ他者を肯定し、自分を見つめ自分を肯定し、自分と他者とを結びつけていく授業」とよんでいる。それは、いいかえると、生活現実に取材した教材を介して自分と他者とを結びつける授業、自分と他者との対話を通じて世界を立ち上げていく授業だということができるだろう。

だから、かれは「自分を見つめる」ための教材、「現実から学ぶ教材」によって授業を展開している。前者では谷川俊太郎の「ネロ」、吉野弘の「I was born」、太宰治の「猿が島」、夏目漱石の「こころ」を、後者では「米同時多発テロ」「『イマジン』から宇多田ヒカルへ」「ハンガーマップ」「世界がもし一〇〇人の村だったら」などを取り上げている。そのなかで、生徒たちの日常の感覚とことばにゆさぶりをかけ、自分たちの生活を世界および日本の現実とつなげてとらえる力を育てようとしている。

その際、かれは「国語通信」を授業展開の「軸」としている。その「通信」とは、生活現実や教材について話し合わせ、自分の意見を書かせ、それを収録し、相互に読み合わせ・話し合わせるというものである。そのなかで、かれは、異質で多様な生徒たち、他民族的・多文化的でさえあるクラスの生徒たちの社会的、文化的、言語的な交流を可能にする「共通のことば」をつくりだしていくことを目的にして、「国語科」の授業を展開しているとみていいだろう。

ところで、そうした実践をすすめていく際、かれは意見を書かせることだけではなく、その前提としての話し・聞くことを大切にしているように思われる。その意味では、かれは話しことばと書きことばとを螺旋的に発展させていくことを「ことばの教育」の課題としているということができる。

その一端は、詩歌づくりの練習として行われた短歌の穴うめに教師と生徒たちが打ち興じているることのなかにみることができる。「通信」をみると、その応答は「なぞなぞ」の掛けあいに似ている。このような掛けあいができていることのなかに、授業が「話しことばの文化」「声の文化」をつくりだすものとなっていることが示されている。ことばはまず声として教室に出現しなければならないのだろう。

ところで、記録は「通信」の説明につづいて東京大空襲の「聞き書き」を報告している。それは「聞き書き」の実践がかれの「ことばの教育」の典型を示すものであるからだろう。それは地域のなかに埋められているオーラル・ヒストリーの聞き書きをつうじて、自分たちの地域を言語化＝意識化していくものであるが、それを「ことばの教育」として位置づけているのは、聞き書きのなかにことばの教育に固有の価値があるからである。

神林は、藤本英二の『ことばさがしの旅』〈注2〉に学んで、この試みのなかにつぎのような教育的価値があるとしている。

（1）どのように問いかければ、普段は語られることの少ない戦争体験の話を聞き取ることができるか考えてインタビューの計画を立て、それを実行に移すこと。問うことをつうじて聞き出し、聞き取ること。

（2）本人になったつもりで、ということは、一人称で聞き取ったことを書くために、語り手の気持ちを自分に引きつけて疑似体験することができること。「うかがったお話を自分の中で再構成し作品化していく過程で、証言者の体験を想像し、再体験すること」。

（3）聞き書きは人に読んでもらうことを目的としているから、それは書き手を戦争体験の語り手にすること。それは「今僕は、この『聞き書き』を他人に読んでもらうことで、伝える側の人間であることを自覚している」という生徒のことばによく示されている。

藤本英二は『聞かしてぇーな　仕事の話』のなかで聞き書きの教育的価値についてつぎのように述べている。

「他者との対話を一人語りの文体で表現するためには、他人のことばを分析しつつ再現することが必要になる。それは常に、ことばの受け手（読者）を意識しながらことばを吟味することであり、自分の感情を他人のことばのなかに託す作業である。他人のことばを書くことがなぜ自己表現になるのか、ということの文体論的な答えはここにある〈注3〉」

ここにみられるように聞き書きは、語り手とインタビュアの対話、インタビュアとしての自分と書き手としての自分との自己内対話をつうじて、他者のことばを取り込んだ自分のことば、同時にまた、他者にひらかれた自分のことばをつくりだしていくことである。

そればかりか、それはこれらの重層的な対話をつうじて話しことばと書きことばのあいだを往還し、それらを螺旋的に発展させ、そのいずれにおいても共通のことばと共通の世界をつくりだしていくものでもある。

ここに聞き書きの「ことばの教育」にとっての固有の価値があるのである。

5　自分と自分たちのことばを求めて

今村梅子は三年間にわたる書きことばの指導を報告するにあたって、そのタイトルを「『参加』と『尊重』の書きことばを求めて」としているが、この「参加」と「尊重」とはどういうことを意味しているのだろうか。

「参加」とは自分の書きことばをつうじてことばの世界に参加していくこと、そのことばによる自己表現をつうじて公共空間の創出に参加していくことを意味しているのだろう。これにたいして「尊重」は、ことばの世界に参加してくる一人ひとりの書きことばを尊敬し、そのなかにこめられている「遥かなるもの」（日常の世界をこえたもの）を聴き取り、ともども公共空間をたちあげていくことを意味しているのだろう。

そこでまず「参加」の面から書きことばについての彼女の指導をみていくことにしよう。

そのなかでなによりも注目すべきことは、「本当のことほど、ことばにならない。深い思いを抱いている相手ほど、素直になれない。強く感動した場面ほど、感想が出てこない。『もう終わりにする』と宣言した直後に、心が揺れてしまう」といった書くことにまつわる「厄介さ」を承認することを指導の前提としていることである。

彼女は、「思いどおりに表現できないときの劣等感」は「精巧な人間の反応」であるととらえ、

「書けない悩みをすべて削ぎとってしまわない方が、書きことばは深まる」というスタンスをとる。それとは反対に彼女は、「書かせてくれ」「書かなければならない」として書きことばに参入してくる生徒、「心根はおぼつかないのに書きことばに前のめりに走り出してしまう生徒」に危惧を覚える。だから、そうした生徒には「自分を開きつつ、自分を護る、と言ったらいいのでしょうか、意見表明の適度な距離を探る」こと、ことばを消費するのではなく、現実を生きることばに自分のことばを鍛えていくことを奨める。

だから、書くことにおいて大切なことは、いいものを書こうとすることではなく、いびつでも自分が生み落としたことばについていってみようとすることだというのである。このように書くことをつうじてことばの世界に参加することについて、「中庸」であることを生徒たちに求めるところに、彼女の書きことばの教育のスタンスとスタイルがある。

だが、そのような書きことばにたいする「中庸」は自分ひとりの努力で可能となるのではない。生徒たちが文章表現をしたい、課題を前にして書きたいと思うようにするためには、「尊敬」「尊重」という条件がなければならない。

「『ありきたりのことしか書けない』『下手でどうしようもない』と、自分で見限っていた自分の書きことば。それを、本気で読み、感心してくれる大人に巡り会うことです」

「たった一つの条件を守るために、私の書きことば学習は、単純な手順になっています。生徒が書く→私が表現を選ぶ→私が音読し感想を添える→生徒が聞く。これだけです」

彼女は、生徒たちが提出してくる文章を二度、三度読み、そのなかからみんなのまえで音読するものを選び、それを生徒のまえで音読する。生徒たちは彼女によって新しいいのちを吹き込まれた友だちの書きことばを聞き、読む。いや、生徒たちはその音読をとおして書いた当の生徒のことばを聞くと同時に、それをつうじて自己を表現している今村のことばをも聞き、読む。

さきに、聞き書きが対話・自己対話・対話の連鎖のなかで成立してくるものであることをみたが、それとおなじく、ここには書き手としての生徒と今村との対話、生徒の文章を視読する今村とどう音読するかを考える今村との自己内対話、音読をつうじての生徒と今村との対話、今村を介しての生徒と生徒との対話がある。彼女が、たとえ書かなくても音読の場にいてくれさえすればよいというのは、この音読の場が対話空間であるからだろう。

このような対話をつうじて今村は生徒たちの書きことばにたいする尊重・尊敬を示すと同時に、尊重・尊敬を基本にして生徒たちの書きことばを評価する。この尊敬と評価が書くことへ意欲を生徒たちのなかに生み出すのである。彼女は、自分のことばを覚えてくれていた大人の存在がいかに生徒にとって重要であるのかの例として、保護者だよりに掲載した一人の少年の文章を紹介しているのだろう。

このような生徒の書きことばにたいする尊敬・尊重のなかにも、書きことばにたいする彼女のスタンスとスタイルがよく示されている。

そのスタンスをさきに「中庸」といったが、「勇気」が「臆病」と「蛮勇」の中間の頂きに位置するように、「中庸」は対照的な二つの「凡庸」の中間の頂き、二つの深淵を分ける稜線としてあるのである。この頂き、この稜線を歩くことはむずかしいが、それらとの距離をはかりつつ、可能な限りそれを歩こうとすることが大切なのだ〈注4〉。

そうだとすると、書きことばにたいする彼女のスタンスとスタイルは、「書けない」ことと「書きすぎる」こととの、「書かない」ことと「書きたがること」とのあいだの稜線を歩こうとすることだということができる。そのいずれかの凡庸におちいる危険をおかしつつ、その稜線を歩こうとするものであるとき、「書くこと」が自己を表現し、世界を表現するものに近づく。

これが、ことばに傷つけられながらも、ことばを愛してきたもののスタンスとスタイル、既存のことばに取り囲まれながらも、自分のことばを求めてきたもののスタンスとスタイルなのであろう。

「中庸」はともかくとして、このような生徒の書きことばにたいする彼女の尊敬と尊重が生徒たちのものとなるにつれて、生徒たちは友だちの書きことばを内面化し、「心のなかに他者を宿らせる力」を獲得していく。それと同時に、「遥かなるもの」に開かれた「対話空間」「公共空間」を意識的につくりだす力が育っていく。

そのなかで生徒たちは自己のことばを卑下すること、他者のことばを嘲ることを超えて、自分と自分たちのことばを獲得している。ということは、生徒たちは、国家と学校のことばを超えるだけではなく、市場とメディアのことばをも超えて、市民社会のことばをつむぎだすということなのだろう。

【注】

1　ここで取り上げている五つの記録とは、竹内常一編『授業づくりで変える高校の教室2　国語』（明石書店、二〇〇五年）所収の山口直之「自分史に取り組む」、竹島由美子「実感に寄り添う言葉に出会うとき」、齋藤知也「『カンケイなさそうなもの』を『切実なものに』」、神林桂一「書くことで自分と他者とを結ぶ――『国語通信』と『聞き書き』を中心に」、今村梅子「『参加』と『尊重』の書きことばを求めて」である。本稿は、同書所収の拙論「［解説］『国語』の授業を開く」においてさきの五つの記録の意味するものを論じたものである。

2　藤本英二『ことばさがしの旅』（高校出版、一九八八年）。

3　藤本英二『聞かしてぇーな　仕事の話』（青木書店、二〇〇二年）二三〇頁。

4　「あらゆる徳は二つの悪徳のあいだの頂きであり、二つの深淵を分かつ稜線である。勇敢さは臆病と蛮勇とのあいだに、矜持は卑屈と身勝手のあいだに、温和さは怒りと無感情のあいだに位置する。しかし、つねに頂きで生きることができる者などいるだろうか。徳を考えるとは、この頂きと私たちとをへだてている距離を測ることなのだ」（アンドレ・コント・スポンヴィル『ささやかながら、徳について』（紀伊国屋書店、一九九九年）一三頁）。

〈Ⅲ〉

生活指導の現代的課題

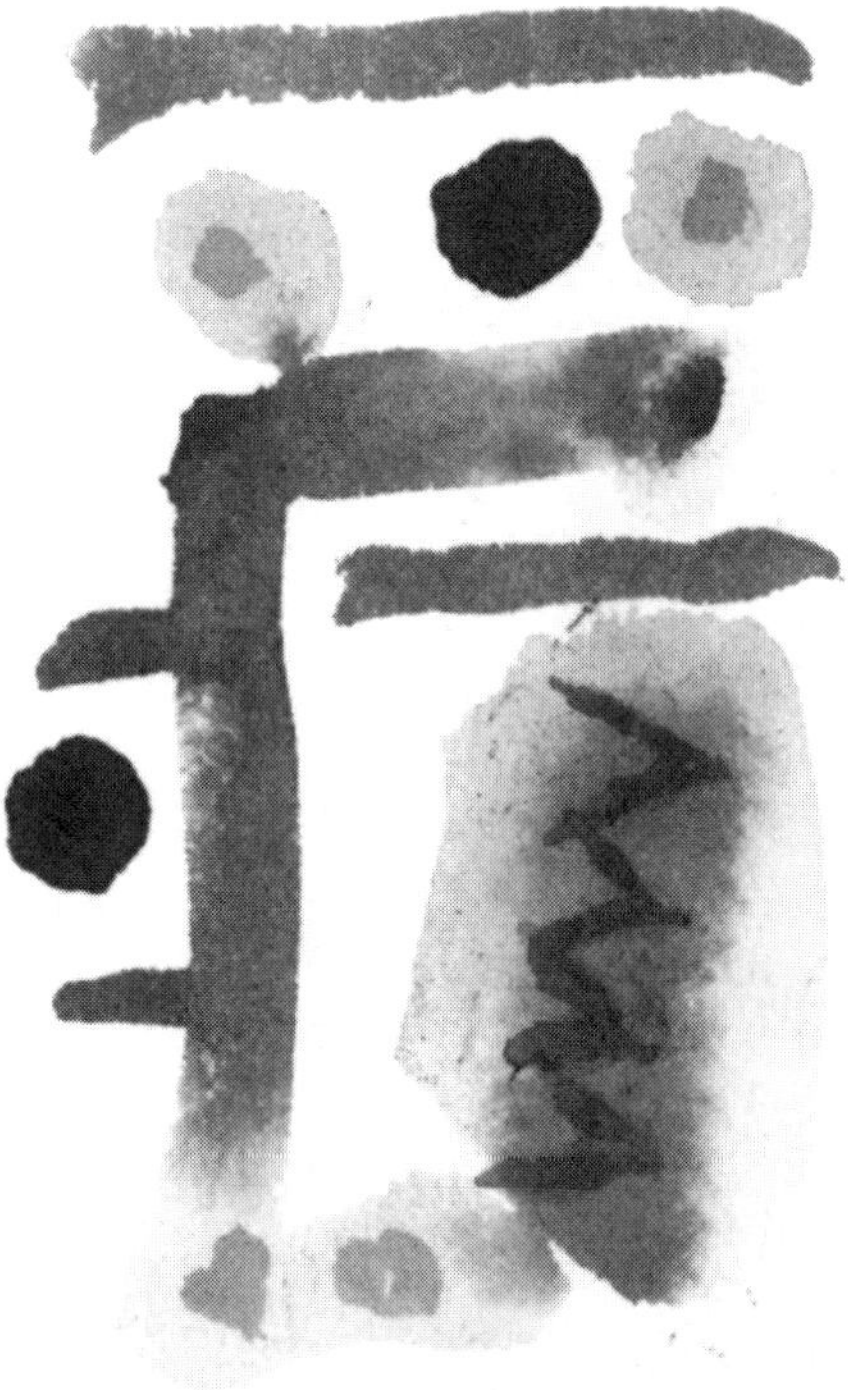

1　少年期の変貌と小学校生活指導

1　少年期の異変・変貌

［発達障害の子どもと「小一プロブレム」］

一般的には、少年期とは、幼児性から抜け出す小学校低学年から、ギャングエイジといわれる中学年をへて、前思春期とも少年期後期ともいわれる小学上学年・中学一年ごろまでの時期であるとされる。

だが、この少年期に「異変」とも「変貌」ともいわれる現象が現れ、「少年期の消滅」といわれるほどの事態がつづいている。このために、「子どもが変わった」「子どもが分からなくなった」といわれつづけて数十年になる。〈注1〉

その異変・変貌の現象をあげると、まずはクラスの一人以上はいるといわれる「発達障害」の子どもが可視化されてきたことである。これまで発達障害は①知的障害・学習障害、②注意欠陥・多動性障害（ＡＤＨＤ）、③自閉症的症候群（高機能自閉症、アスペルガー症候群）などからなるといわれてきたが、近年その多くは乳・幼児期からの虐待やネグレクト、愛着障害に起因する二次障害（「『虐待』という第四の発達障害」）であるのではないかといわれるようになっている。[注2]そのために、乳・幼児期からの発達のもつれを抱えた「発達凸凹」といわれる子どもがクラスに数人もおり、その子らをめぐるトラブルがクラスの日常となっているともいわれている。

だが、子どもの変貌・異変は発達障害をもつ子どもの顕在化にかぎられるものではない。[注3]子どもの異変のひろがりは、「小一プロブレム」といわれる異変として低学年にも生じている。それは、「ゆとりの教育」や「自由保育」がひろがった一九九〇年代にあっては、学校の秩序に従うことなく、いつまでも自分本位的に行動し、友だちと繰り返しトラブルを起こす子どもの出現を指していた。ところが、「確かな学力」や「ゼロトレランス」が言い出された二〇〇〇年代になると、学校の秩序に硬く心身が縛られて、自分を表出・表現できない子どものひろがりを指すようになった。それに、近年の幼児教育の「学校化」がこうした子どもの異変に拍車をかけていると批判する指摘もある。

だが、子どもたちはいつまでも学校の秩序や教師の指示に縛られるのではなく、二年生になる前後から自分本位的な行動に走り、そのあげく低学年から学級崩壊・授業崩壊という事態が生ずるまでになっている。

こうした事態の出現は、一見、子どもが幼児期から少年期へと脱却したように見えるが、幼児的な心性の二つの現れ――権威的な力が強く働く場ではその指示や命令にとらわれ、縛られる道徳的実念論的な傾向と、変転する「そのとき・その場」に駆り立てられて、自分本位的な言動をとる傾向――が入れ替わっただけのことであるとも考えられる。

そうだとすれば、子どもたちはなお幼児的な「混同心性」〈注4〉を引きずり、それから脱却できないでいると見なすことができる〈注5〉。

［ギャングの消滅と同調的な空気の支配］

少年期中期の異変としては、子どもたちがボスまたはリーダーを中心にして結集して、遊びに熱中し、少年期的な正義を追求するギャング集団が消滅し、それに代わって「空気が読める」「空気が読めない」というときの集団的な「空気」が子どもたちをつつみこみ、膨れ上がるという現象がひろくみられるようになったことである。

この「空気」とはどういうものか明らかではないが、山本七平『「空気」の研究』〈注6〉によれば、「空気」とは、なにかある基準に過剰に同調する感情的な「ムード」または「熱気」のようなものであり、それに反するものには「抗空気罪」を加えないと収まらないものであるらしい。そのために、山本は「空気」とは暗黙裡に集団を支配する「差別の道徳」であるといっている。

前者にあっては、子どもたちは暴言・暴力は振るうことがあっても、それをケンカ・口論・相談・話し合い・討論へと発展させるなかで、ボスを中心にして遊びと「自治」のルールをつくりだし、自由と平等を保障する自治的な集団を構築していく。そうした協働活動のなかで、子どもたちは幼児的な自分本位性と道徳的実念論を乗り越えていく。その意味でギャングエイジは、子どもたちがボスを中心に大人の権威から集団的に自立していく「中間反抗期」だといわれることもある。

これに反して、後者は自己主張・自己表現を交わすことをつうじて事実や真実を集団的に明らかにすることに対する怖れ・不安を前提としている。なぜなら、そうすることは自分主義にある友だちを傷つけるだけではなく、自分自身をも傷つけ、仲たがいを激しくするだけだからである。だから、子どもたちはちまちまとしたいさかいをくりかえしながらも、「優しさごっこ」にすがりついて同調的な「空気」をつくりだす。そして、その空気を壊すものを排除しようとする。それが「集団イジメ」という「差別の道徳」である「空気」をふくれあがらせる。

そうした観点からいえば、それは「自由からの逃走」に子どもを駆り立て、スティグマ（否定的な負の印）をもつものを社会的に排除することでもって絶対的な「権力」をつくりあげていくファシズム的な運動に似ている。(注7)

子どもたちがそうした文化的・社会的な「空気」を強く持ちはじめると、ボス的な子どもはリーダーへと脱皮する可能性を失い、凡庸な子どもとして集団のなかに埋没するか、さもなければば「空気」を撹乱する問題のある子どもと見なされる。

［親密な友だち関係と競争的な対立関係］

少年期後期または前思春期の異変としては、ギャング集団から親密な友だち関係が生み落とされることがすくなく、そのネットワークのなかから文化的な理想を追求するピアグループがつくられていくということもみられなくなったことをあげることができる。

前思春期になると、子どもたちのなかに映画『スタンド・バイ・ミー』に見られるような親密な応答を交わし合う同性・同年輩の友だち（chum＝チャム）関係ができてくる。〈注8〉そうなると、子どもは自分が抱えている問題や悩みをチャム関係のなかに持ち込み、それらが自分たちにとってどういう意味をもつものかを確かめ合い、共通の理想を追求するようになる。それと同時に、親密な他者との相互応答と対話のなかで他者との共存と自己の自立を追求するようになる。

だが、今日の前思春期には、このような親密な仲間関係がつくられることが少なく、子どもたちの関係が選抜と競争のなかで「落としあう」競争と「一人勝ち」する競争からなる敵対的な競争関係が支配的になり、子どもたちのなかにさまざまな格差が鋏状にひろがっていく。

そうした異変は、学級崩壊・授業崩壊の多い「魔の学年」としてクラス担任になることを教師たちから避けられている小学五年ごろから現れ、それが中学校に入学しても中学生らしくなれないという「中一ギャップ」といわれる問題群となって現れてくる。

その意味では、前思春期の異変は、それまでの少年期の異変と変貌の積み重ねの結果である。そのために、子どもたちは親密な仲間関係を結び、価値や理想を共有するピアグループをつくりだし、それらを目的意識的に追求する思春期・青年期へとわたっていくことができないでいる。

2　集団あそびからの自治的集団の誕生

［幼児期から少年期への離脱］

このような少年期の異変と変貌があるなかで、教師たちはどのように子どもたちと協働して少年期を構築し、復権しようとしているのだろうか。それをまず幼児期後期から少年期へと移行を鮮やかに示している里中広美の実践に即してみることにしよう。〈注9〉

里中学級の子どもたちは「『りっぱ』で『よい子』」の一年生であった。ということは、子どもたちは教師の指示や学校の規則に従順な「道徳的実念論」に包まれていたといえる。だが、一年から二年へと移るころから子どもたちはそれぞれに「そのとき・その場の自分主義」的な言動をひろげ、つぎからつぎへとトラブルを起こすようになった。

だが、里中はそれらのトラブルを力で抑えるのではなく、それを歓迎し、関係者のそれぞれの言い分を聞き取ったり、そのトラブルを再現するロールプレイを採用したりして、それぞれの子どもたちの言い分が自分本位的なものであったために行き違いが生じたことを子どもたちとともに確認しあっている。そして、自分たちの行き違い、思い違いにきづいて、それを笑うこと、つまり「異化」することができるようになっている。これらを「異化」できるということは、「そのとき・その場の自分」のなかに包まれていた「自我（わたし）」が自立しはじめていることを示している。

このように子どもたちはロールプレイのようなパフォーマンスをつうじて、つまり、協働的な行動をつうじてトラブルを再構築することのなかで、幼児的な自分主義を行動のレベルで乗り越えていく。

それと同時に、里中は子どもたちの「そのとき・その場の自分の言動」のなかに包み込まれ、芽生えはじめている「私」の欲求や願いを引き出し、トラブルを起こさずにそれを実現するには何が必要かと子どもたちに問いかけている。

子どもたちがつぎつぎと語り出す暴言、悪口、暴力、意地悪を聞きとるなかで、彼女は「友だちのことで困ったらみんなどうしている？」「話し合い、相談、仕返し。このなかで嫌なことが解決しないのが一つだけあるよ」と子どもたちに考えさせている。

それにたいして子どもたちは、ルールに裏付けられていない仕返しでは嫌なことがなくなるどころか、ひどくなるだけだ、「相談」「話し合い」をつうじて「一緒に遊べばいいんだ」「一緒に遊べるルールをつくって遊べばいいんだ」と答えている。

［ごっこ遊びから劇遊びへ］

しかし、それができるためには、子どもたちは他律的な「道徳的実念論」や「そのとき・その場の自分主義」の幼児心性を越えていかねばならない。その試みは、里中学級にあっては、まずは「マッサージキッズ」や「サルの一家の家族会議」「お帰りなさいサルの家族」などの「ごっこ遊び」の展開としてはじまっていく。

前者は、遠足のおりに里中が子どもにマッサージをしてあげたことを子どもたちが模倣して、友だちや教職員にマッサージをサービスするというものである。

そのなかで子どもたちは教室や職員室をマッサージの職場という虚構場面に転換し、マッサージ師の役を演じるだけでなく、その職場の社長、店長、店員といった社会的な関係を演じる。そうなると、それは里中のたんなる模倣遊びではなく、創造的な模倣あそびとなっていった。かれらはこれによって学校の秩序から解放されて自由に振る舞うことができるようになると同時に、マッサージ師とその職場の社会的関係をリアルに展開しなければならないという役とルールにしたがって「そのとき・その場の自分」を自主的に統制し、社会的活動としてのマッサージ活動を協働して構築するようになっている。

後者の「サルの一家の家族会議」は、サルの家という虚構場面をつくり、それぞれの家族メンバーがその役にしたがって家族会議をするものである。だから、母親の役をする子どもは母親らしい振る舞いをしなければならないというルールに従うことを求められる。

このために、子どもは自分の母親を模倣して役を演ずると同時に、他の子どもが演ずる母親役と比較して、このような文脈の場合、母親というものはどういう役柄を演ずるのか確かめる。それに違いがあると、どちらが役にかなったものかを話し合う。そればかりか、サルの家族会議のテーマがクラスのなかで発覚した「仲間はずし」の計画であると、それぞれの家族成員がそれぞれの意見をのべるだけでなく、意見をたたかわせることにもなる。

もし「サルの一家の家族会議」がそのようなものであったとすれば、それは最早「家族ごっこ」の範疇をはみ出した寸劇・即興劇に近い。さらには、それが観衆である子どもたちにシビアに評価されているところをみると、それはもしかすると自分本位的な子どもたちの現実のトラブルをリアルにさしだす笑劇的なものともみなせるかもしれない。〈注10〉

そうだとすると、この子どもたちは「そのとき・その場の自分」を異化して、健康な笑いの対象にする「自我（私）」をつくりだしているということができる。また、「自我（私）」と「他我」の未分化・混同を乗り越えて、他者と協働してドラマを構成するなかで、ものごとの真実を意識化できるようになっているといえるだろう。〈注11〉

［ルール遊びからルールを改廃する自治へ］

これらの「ごっこ遊び」と平行して、子どもたちは「そのとき・その場の状況」に受動的に引き回される「受動的なからだ」を越えて、状況に能動的に立ち向かう「主体としてのからだ」

をたちあげている。そのことは、子どもたちがクラスのなかで「ダンスクラブ」「体操クラブ」「ドッジボールクラブ」「工作クラブ」を作り出し、運動文化・工芸文化を意識的に構成するようになっていることのなかにみることができる。

それでも、子どもたちは役とルールからなる「氷鬼」のようなオニごっこを協働してつくりだすことができず、それぞれを違った形であそぶことがある。ただ走ることの喜びのためにそれに参加しているものもいるかと思うと、足の早いものを最初に捕まえて、氷鬼にして、その他大勢をつぎつぎと氷鬼にしてしまう「作戦」をたてて、氷鬼を楽しむものもいる。反対に、最初に捕まえられて、氷鬼にされて走ることができなくされた足の早い子は、それが作戦によるものであることがわからず、氷鬼の役とルールに反して、集団遊びを破壊する行動にでることもある。

そうした事情を子どもたちから知った足の速い子は、最初にかれを氷鬼にしたのは子どもたちの意地悪ではなく、作戦を立てて氷鬼を楽しむものであったことがわかると納得はするものの、彼のルール破りは、走ることの喜びを追求したいという彼の要求であることを知った里中は、それを満足させるために、氷鬼のルールに代わるものとして「増やし鬼」のルールを提案し、子どもたちにそれが受け入れられている。

このように子どもたちは遊びのなかで役とルールを守って自主的・自治的に協働活動を展開すると同時に、たとえルール違反ではあっても、その違反行為があたえられたルール改変の要求であれば、それを取り上げ、みんなが合意すれば、自分たちの意思にもとづいてルールを民主的に改廃することができるようになる。子どもの行動レベルでの自治の始まりである。

そのなかで子どもたちは権威主義的な統制から自己を解放し、協働と自治のもとで自己を統制することができるようになり、幼年期から少年期へと離脱し、その生き方を他律的なものから自律的なものに転換できるようになったといっていいだろう。

3 「空気」の支配から相互応答の関係へ

［同調的な空気を壊す「多動的」な大河〈注12〉］

さきに「空気」は集団の感情表現の「ムード」または「制度」であるといった。その同調的な「空気」は、スティグマのあるものを差別・排除することでもって膨れ上がり、それがクラスにいすわると、子どもたちはその感情表現の制度に支配されて、自分たちの自由な感応—表現ができなくなる。つまり、自由な感応—表現は疎外されて、最初の感応とは異なる感じ方を表出させるものとなる。

四年の北山昇のクラスにそのような空気が典型的な形をとって存在してはいないが、その空気がつぎのような形をとって現れていた。

①四班のリーダーの菜奈とさくらのリードにかかわらず、四班はやれない、やりたくない、やってくれない感にあふれていた。

②少年サッカーの盛んな地域であるために、サッカーができるものとできないものとの差が大きいので、授業でもレクでもサッカーをしないことが「暗黙の了解」となっていた。

③リーダー候補の男子は学年委員の選挙に出ることがなく、「重そうな役割から逃げていた」。事実、クラスの活動に積極的に参加している男子は記録にほとんど登場していない。

これにたいして、ＡＤＨＤと診断され、投薬されている大河はその「多動性」を入学以来発揮しつづけ、学校の秩序とクラスの「空気」をかきみだしてきた。そのために、かれの衝動的な行動は特別視され、許容されてきた。これは差別だ。そのために、北山のクラスに入るまでは、これといった教師にも友だちにも出会うことがなかった。かれは学校の世界にありながらも、それから遺棄され、一人で「壮絶な」生き方をしてきたといっていい。

だが、北山がかれの多動的な行動に「応答」するケア的なかかわりをとるにつれて、かれは北山に「呼びかけ」「ねだる」ようなかかわりを見せるようになった。

そうしたなかで、かれのクラスの空気を壊すというか、切り裂くような行動が子どもたちにも受け容れられ、それに応答する子どもが現れはじめた。

［パフォーマンスをつうじて「空気」を変える］

それを典型的に示しているのが三班のダンスである。

互いに牽制しあってダンスができないでいる四班とは違って、三班の子どもたちは、ロックのリズムに合わせて大きな動きで飛び回りだした大河の後にしたがって、似たような動きを取るなかでリズムダンスをつくりだしていった。

記録では、北山は「あの動きとリード。すごいね。自分を解放できて、自由にリードできていたよ。リードだけじゃなく、みんなが真似しながら、どんどん動きまわって、手足を動かして盛り上げていたよ」と評価している。

しかし、他面から見ると、大河の大きな動きをリズムダンスにしたのは、大河の動きを創造的に模倣して、自分たちを解放して踊りだした班の子どもたちであったのではないか。そのダンスは、大河の動きを「まねた」ものではあっても、「同じもの」ではなかった。子どもたちはダンスのなかで相互応答しつつ、自分を解放して、協働して即興的なリズムダンスをつくりだしたのである。それを大河も感じ取って、飛び跳ねるような動きをリズムダンスへとつくりかえていったのではないか。

三班は自由に身体表現をかさねあわせて、即興的にリズムダンスをつくりだす「パフォーマンス・アンサンブル」（行為遂行の集合体）へと発達していった。そうした協働活動のなかで、大河も子どもたちも「頭一つ背伸び」することができ、大河も他の子どもたちの動きを取り込んで、自分の衝動的な動きをリズムダンスへと統制していった。

［キャラをたてて学校生活を装うあき子さん〈注13〉］

ところが、大河の対極にいるのが、豊田健三郎の記録に登場する学校適応過剰のあき子さんである。

子どもの「自分主義」は、そのとき・その場の自分に振り回されるという様相をとることもあれば、おとなの暗示やまじないにかかりやすく、そのとおりに自分を装う様相をとることもある。幼児の「道徳的実念論」的な現れのひとつである。

あき子さんの適応過剰は、学校の秩序や感情表現のし方を丸ごととりこんで自身を「化粧」するところがある。このために、彼女は学校生活の物語を前もってシナリオ化し、そのとおりに学校生活を装うところがある。ということは、学校生活から生ずるありとあらゆる「偶然」（ハプニング）をすべて押さえ込まねばいられないということである。いいかえれば、それは他者の現れを封じ込み、排除しなければやまないということでもある。

そうした彼女のような登校傾向を「登校強迫」というが、それは「強迫的な子どもたちは、独特な追いつめられ方、束縛のされ方をしている。何かそうしなければならない、そう考えなければならず、ある儀式を遂行しなければならない運命につき動かされているように感じる」ところがあるからである。

彼女が早退・欠席・不登校を繰り返すのは、こうした強迫的な登校が他者の乱入によって破壊されるのではないかという不安にたえずさらされつづけているからであり、そうした登校強迫を強いられることに彼女のからだが異議を申し立て、抗議するからである。

このようにみてくると、豊田が彼女の生き方が「偽装」であるととらえたのは的を射ている。だから、彼女の学校生活に乱入してきたFにたいして「けってやれ」とあき子さんをそそのかしたのである。それは彼女自身の手で彼女がつくったシナリオを壊すように誘うものであったといってよい。

しかし、彼女は実際にFを「蹴る」行動に出ることができず、そのマネをしただけで終わった。それだけでも、彼女は他者を自分のなかに取り込み、なりたい自分を出すことができたようにみえた。だから、豊田の指示は同僚から「魔法の言葉」といわれた。

だが、彼女はその行動によってハプニングをつくりだし、予想外の展開をみせて、他者であるFと協働してドラマを創造するものとはならなかった。その意味では、「魔法の言葉」は「リセット」(元に戻す、チャラにする)にとどまり、元のシナリオを壊し、新しいドラマを現実の学校生活に持ちこむものにはならなかった。そのために、「脱構築」へ導くものとはならなかった。

だが、高学年になってから、あき子さんは地域の演劇クラブに入り、それに打ち込んでいるという。もしかすると、それはニセの一人芝居にとらわれていた自分を壊し、他者と真実の演劇を作り出そうとする彼女の脱構築の試みであるかもしれない。

それが、私が「あき子さんに演劇を勧めるとよいのではないか」と豊田にいった本意である。

4　前思春期の「友だち」関係とはなにか

［ギャング集団から前思春期の「友だち」へ〈注14〉］

志方正樹の記録を注意深く読むと、子どもたちは少年期中期のギャング・グループを抜け出して、前思春期的な「親密な友だち」関係を探し求めていることがわかる。だが、それが教師のことばのうえでは「仲間」関係ということばでひとくくりにされていて、その違いが取り出されていない。そのために、「仲間」ということばではくくれない「友だち」関係が自分たちのなかに生まれていることを子どもたちが意識化できないでいるのではないか。

この記録のなかで、志方は「仲間」ということばを押し出して「学級内クラブ」をつくることを提案している。子どもたちも「仲間って何やろ？」という志方の問いに対して「友だちとはちょっとニュアンスが違う…」「同じ目標に向かって頑張る人たち」と答えている。この子らにあっては外的な行動レベルにおいて協働し、目的やルールを共有しているのが「仲間」であるらしい。それはまちがっているわけではないが、精神間交流をはじめた前思春期の友だち関係を取り出すには欠けるところがある。

これにたいして力が「なんで順って休んでいるん？」と口を挟み、小松が「それを言うなや！順もいろいろあって…」と順のことを話題にするのを抑えている。志方は二人の発言で静かになったクラスに「力は休んでいる順のことを気にしてるし、小松は順の休んでる理由を想像してかばってるし。ということは、順も五―三の…」と問いかけ、子どもたちに「仲間！」と唱和させている。

だが、小松が取り上げた「順の事情」は私的にも公的にも取り上げられていない。いや、高度成長期以降、学校にあっては子どもの近親の死に触れることはタブーとされている。そのために、子どもたちは「死者を『弔う』」とはどういうことか教えられないでいる。そのために、順を不登校に追い込んでいる父の死、凍りついた心のキズとしての父の死に触れて、順を癒すものが現れないでいる。〈注15〉

順は修学旅行のころから、それまで彼に付き合ってくれていた「活発でやんちゃな」大吾や力よりも、「おとなしく優しい正平や幸といることが多くなり、中学入学後、幸との交わりを深める中で登校しはじめた」というが、それはもしかすると、ギャングエイジ的な「仲間」ではなく、前思春期的な「親密な友だち」に心のキズを癒されて、順はかれらに期待されている「もう一人」の自分となることができるようになったのかもしれない。それを確かめるために、順と幸の家族がどのような階層に属し、どのような社会的・文化的な環境を生きているかを知りたいと思う。

順の場合とは違って、辰夫の場合は、前思春期の対人関係が母親や女子の友だちとの関係においても、また男子の友だちとの関係においても、かれの「人格の再統合」（「自分くずし」と「自分つくり」）を進めるものとなっている。母親との関係にあっては、学校の出来事をウソをついて隠そうとしたことが母親に許され、幼児的な退行が受け入れられた。女子との関係にあっては、「親密な友だち」関係をつくりはじめたサツキやリカコたちのケアを契機にして、「自分くずし」の退行現象を「自分つくり」の創造的退行に切り替えることができたとみることができる。

そして、男子との関係にあっては、辰夫はテストの点数をウソをついてごまかそうとしたことのある中学受験組の泰と「親密な交わり」を結び、「星クラブ」を立ち上げ、協働して星座の模型づくりに取り組み、そのなかで泰にいろんなことを話し、聞いてもらうようになっている。もしかしたら二人は星について話し合うなかで、身の回りに起こるさまざまの出来事を新しく意味づけ・価値づけて、「希望」や「理想」を語り合う関係を取り結んでいたのかもしれない。

こうした観点からみると、子どもたちは自分たちが作った「役者クラブ」「本こわ、ウソこわクラブ」などのなかで、また行事のなかで演じている「パロディ劇」とか「スタンツ」（即興劇）とかのなかで、辰夫と泰との「親密な友だち関係」のなかで起こっていた「精神的な交わり」を経験しているのかもしれない。

そうだとすれば、子どもたちは「親密な友だち」のネットワークをつくり、意味や価値、希望や理想を自主的・自治的に追求する思春期に移行する準備ができていたということができるだろう。だが、そうであるかどうかを判断するためには、この子どもたちがつくったクラブや私的グループが、また子どもたちが演じた文化活動がそうした実質を持つものとなっていたのかを問わねばならない。

再説・差別的な「空気」の支配を越える〈注16〉

山口隆志の記録は、志方のそれと同じく前思春期における子どもの人格の再統合にかかわる問題を提起しているが、両者のあいだには決定的といっていいほどの違いがある。

それは、その当事者であるリクが黒人の父と日本人の母親の子どもであることである。黒い肌・縮れた髪を持つかれは、日本人の子どものなかに溶け込もうとしている。それは下学年ではリーダーとして活躍し、上学年ではクラスのムードメーカーとなっているところによく現れている。

しかし、その隠しようのない容貌のために、下学年のときから差別視され、小さな子どもからも「外人！」という差別発言にさらされていた。それが日本人の子どもになろうとしていたリクをいらだたせ、キズつけ、パニック・不安におとしいれ、かれを暴力に駆り立てる。

その暴力が学校秩序を破壊するものとみなされて、教師たちから暴力を加えられてきた。五年になって山口のクラスに編入されて、山口のリクに寄り添うケアに接して、一時平静を取り戻し、同級生と仲良くなる。

だが、その仲良くなったことが新しいトラブルをつくりだし、ふたたびリクは退行的な暴力に駆り立てられることになった。なぜならリクをふくめて子どもたちは「仲良し」になるということとを日本人に同化することであるととらえて、リクの他者性を尊重して親密な関係を取り結ぶことであることが分からないでいるからである。そのために、リクはかれを対象視する子どもたちの視線に被圧倒感を感じて、暴発・萎縮・引きこもりを繰り返すことになったのではないか。

そうしたかれの状態を心配した山口はリクの母と相談して、「暴力でない『強さ』でもって生きづらさを克服できるようにすること」と「リクの『優しさ』を大切にして、友だち関係を発展させるようにすること」をリクにたいする方針とすることで一致した。

これついてこの記録の「解説」を書いている地多展英が「この話の筋が私には見えなかった。『強さを持って乗り切ってほしい』ということと、「『優しさ』がよいところだ」という共通認識を持った、ということとの矛盾が」と指摘している。

私もこの二つが矛盾しているのではないかと読んでいるとき感じたが、再読した後は決して矛盾したものでないと最初の読みを改めた。それを述べて、差別的な「空気」を断ち切り、「他者と親密な交わり」をつくるなかで「人格の再統合に」に挑む前思春期の真相に迫り、本稿を閉じることにしたい。

そういうのも、この記録のなかに思いがけない二つの「強さ」がかかれているからであり、それを山口が意識していたからである。

ひとつは、母親が「子どもが『化け物』扱いされた」と正面から学校や担任に抗議したことがあること、それに「クラスに来て、アフリカに関する絵本の読みきかせ」をしたことに現れている。

いまひとつは、リクがルリの顔真似をしつこくしたとき、「やめて!」といったのにやめなかったので、「いいかげんにしろ!」とルリがリクの胸倉をつかんだこととして現れている。それを知って、山口は「なんだか嬉しくなった」と控え目に書き添えていることにも注目したい。母親と山口がリクに期待した「強さ」は、差別に対しては断固として抗議するリクの母親の強さ、しつこい「いたずら」「からかい」には怒りをぶつけて、それをやめさせたルリの「強さ」であったといっていいのではないか。

これにたいして二人が期待した「優しさ」の方は分かりやすいかもしれない。だが、そうだとはいえない。

たしかに差別されてきたものは、差別されているものに共感的な「優しさ」を抱く。それは、共感が生きづらさを抱えるものの苦しみをからだで受け止め、その本質を直感的に洞察するものであるからだ。

だが、そこに落とし穴がある。なぜなら、差別されてきたものが自分の受けたキズの裏返しとして、他者にたいして過剰に気を配り、その「優しさ」のために他者にたいして正当な自己主張や批判をすることを控えることになる。かれは自分がかわいいために、他者に優しくしているのである。だから、その優しさに他者が応えないときは、他者を憎み、怒り出すことになる。

もしリクの「優しさ」がこのようなものであれば、それはソフトな「差別的な空気」を日本人の子どもの側に再生産するものとなる。それでは、リクの「優しさ」は「憤ることのない日本人」の「優しさ」、「共依存的な優しさ」に同化するものになるだろう。
それにしても、前思春期にあるリクの前に"Black is Beautiful"と誇ることのできる黒人のアイデンティティと、本当に他者に優しい日本人のアイデンティティを形成し、両者を統合した地球市民としてのアイデンティティをつくりださなければならないという課題がたちあがっている。これが山口と子どもたちの生活舞台なのだ。

【注】

1　竹内常一が『少年期不在——子どものからだの声をきく』(青木書店)を刊行して「少年期の消滅」に注意を促したのは一九九八年のことである。本書は竹内の『子どもの自分くずしと自分つくり』(東京大学出版会、一九八七年)と『子どもの自分くずし、その後』(太郎次郎社、一九九八年)に継ぐものである。

2　杉山登志郎『子ども虐待という第四の発達障害』(学研、二〇〇七年)。

3　子どもに何か問題兆候が現れると、すべて「発達障害」とみなし、心理臨床や医療の対象とみなし、投薬をすすめ、教育の対象とみなさない傾向が関係者のなかにあることに注意する必要がある。

4　「混同心性」は、幼児は「自己中心的」ではなく、①自分と私、②主観と客観、③能記と所記、④自我と他我、⑤個人的自我と普遍的自我の未分化・混同といった心性をもつとするものである。これらの混同心性は子どもの「道徳的実念論」のなかにひろくみられる。

5　こうした幼児的心性をピアジェは「自己中心性」と呼んだことは有名な話であるが、それは「利己主義」ではなく、二つの顔を持つ「自分（本位）主義」であると私はいいかえている。前者の「権威的な指示や命令」を絶対化する傾向は、そのとき・その場の自分が権威的状況にしばられて、道徳は人間にたいして物理的な（強制）力を持つものであるととらえる「道徳的実念論」的な考え方にたつものであるからである。

6　山本七平『「空気」の研究』（文春文庫、一九八三年、電子図書版がある）。

7　E・フロム『自由からの逃走』（創元社、一九五一年）を参照されたい。

8　映画『スタンド・バイ・ミー』（ロブ・ライナー監督、コロンビア映画、一九八六年）。ただし、ここにみられる「前思春期の同性・同年輩の親密な仲間関係（chum）」という概念にはそれを同性に限る偏りがあるのではないかという疑いがある。

9　里中広美「回り道しながら大きくなろう」（小渕朝男・関口武編『生活指導と学級集団づくり小学校』高文研、二〇一六年）。

10　本稿において多用している「即興劇」については、高尾隆・中原淳『インプロする組織――予定調和を超え、日常を揺さぶる』（三省堂、二〇一二年）を参照されたい。
　また、キズや悩みを抱えた個人をかれらの社会的・文化的な環境から切りはなして個人的に治療するよりは、社会的・文化的環境である集団をつくりだす課題をかれらに与えた方が個々人を変えることになるとして、「集団心理治療」にたいして「ソーシャルセラピー」を提唱しているロイス・ホルツマン『遊ぶヴィゴツキー』（新曜社、二〇一四年）は私たちに刺激的な提起をしているものとして紹介しておく。

11　子どもはその幼児性を二つの面から乗り越えていく。ひとつは、例えば昆虫採集のように自然物を蒐集し、分類し、それを秩序化していくことによって自然を構成する活動をつうじて、いまひとつは、仲間と集団・グループをつくったり、こわしたりすることによって社会を構成していく活動をつうじて、「そのとき・その場の自分主義」を乗り越えていく。

12　北山昇「教室から飛び出す自由と戻る権利」（小渕朝男・関口武編、前掲書）。

13　豊田健三郎「あき子さんに寄り添って」（小渕朝男・関口武編、前掲書）。

14　志方正樹「『みんなで伸びる、みんなと伸びる』集団を目指して」（小渕朝男・関口武編、前掲書）。

15　父母または親しい身近な人がなくなると、うつ状態にながくおちいり、不登校になるものがすくなからずいる。「弔う」ことは死者の願いや恨み・つらみを引き継いで、死者と共生し、死者と共闘することであると提起した書に上原専禄『死者・生者』（未来社、一九七四年）がある。

16　山口隆志「リクへの指導はこれでよかったのか？」（小渕朝男・関口武編、前掲書）。

2　子ども・家族・地域の貧困と中学校生活指導

1　都市のなかの子どもの貧困〈注1〉

（1）大島学級の子どもたち

大島冴子の二年間の学級集団づくりを理解するためには、彼女のクラスがどのような子どもたちからなっていたかを知る必要がある。

彼女の勤務している東京都は、小中一貫または中高一貫の学校が公私立ともにあり、しかもC市は公立中学校の選択の自由を限度つきではあるが認めている。そうした学校選択の自由と学校区に困窮家庭の多い団地があるために、校区の小学校から彼女の中学校に進学しないものが少なからずいる。そのために、東京の中学校でありながらも、彼女の学年は単学級であり、その生徒数は男子が一三人、女子が五～九人と少ない。

学級の生徒たちは総じて経済的な貧困のなかにある。そのために、社会的、家族的な諸関係も貧しい。クラスのなかに生活保護家庭のものが二人、父子家庭・母子家庭のものが三人、母がタイ人であるものが二人、沖縄出身のものが二人、父か母が家出しているものが二人、父か母がうつ病のものが数人いる。

生徒たちのプロフィールを見ると、ほとんどの生徒が実に多様な生きづらさを抱えている。父が独善的であったり、DVであったり、「不倫」で失職しているもの、そのために母が家出、自殺未遂、行方不明となっているもの、子どものいじめに起因する家族間騒動を引き起こし、他の保護者から排除されているもの、親がきびしく勉強またはスポーツを強いるために、ストレスを学校のなかで暴力的に発散させているものや、勉強の話をするとすぐに泣き出すものもいる。

また、発達障害に加え二次障害を抱え込んでいるもの。癲癇・アスペルガーで、癲癇発作で倒れて意識不明になったり、母が兄弟と差別待遇するのにキレて、母にまたがり殴打して警察沙汰になったり、ついに三年夏から卒業まで入院したもの。母がうつ病であることから教室ではことばを発することのない、神経質な「マスク」少年であるもの。PCにのめりこみ、二次元の世界に引きこもるもの。ゲームマニアであるが、他のものと一緒にゲームをしたことのない孤独なゲーマー。有名私学進学希望者である生徒は予備校の受験指導に対応することを最優先にし、学校では教室のロッカーのうえで横になって眠りこけていることが多い。

さらにまた、小学校でいじめられて不登校となったものの、中学校進学後は、他の女子のトラブルに首を突っ込み、トラブルを大きくするもの。新興宗教の熱狂的な信者である母に教団のフリースクールに進学することを強いられ、不登校でありながらも教団の高等部進学のためのワークブックから離れられない女子。母が教育熱心であるために、塾づけになっていて、口は達者であるが他の子どもとかかわることができないで、寝たふりをしている男子。私学からの「高学力」の転入者だが、不登校気味で、生徒会長に立候補したものの、女子とのトラブルからまた不登校となるもの。ゲームにのめりこみ、授業中ほとんど眠っている低学力のもの。厳しい父親に無力化させられたために、力の強いものにいいようになぶられ、二学年前半までは教室のなかで指しゃぶりをしていたものなどがいる。

クラスの男子は、浩を中心とする運動部系の暴力グループと、大輔のまわりのつながりの乏しい室内グループに分かれ、そしてリンチ、性的ないじめの対象とされている底辺層からなっている。

数少ない女子はというと、常時登校するものが五人と少なく、その五人がいがみ合って、落としあいの競争を繰り返している。他の女子は不登校気味で、出てきたり、来なかったりしている。そのために、全員がそろうことがない。

一年のときの担任教師はクラスのなかにケアのネットを張ることができないばかりか、張ろうとしたネットをズタズタに子どもと同僚教師に引き裂かれて、同学年の教師の意思不統一のなかで、崩壊した学級を後にして担任を辞退した。

（2）ゲームに興ずる男子グループと共食を楽しむ女子会

大島は二年連続してこのクラスを受け持つに当たって、二年と三年の学年はじめにつぎのような姿勢で子どもとかかわっていくことを自分の方針としている。

「（一年のときに学級崩壊となったクラスに）『後から入り込む』私は、子どもたちから、彼らの世界につくられているものを学ぶことからはじめなければならない。私が子どもたちの信頼を得て、子どもたちの中から作られる（自治的な―引用者）クラスにしていくには、長い時間が必要だと思った」

「昨年は、これまでのぐちゃぐちゃしたものを、整理しきれないままかれらなりに混乱しつつ出していった様子があった……二年目の指導の見通しも……これまで積み上げてきた子どもたちの成長を基盤に、その時その時の様子をよくとらえながら……彼らの世界の自治というものを探っていきたかった」

彼女はトラブルを続発させる子ども一人ひとりの矛盾した言動をまるごと受容しつつ、彼・彼女の言い分を聞き入れつつも、それに代わる別の見方ややり方があったのではないかとやんわりと応答している。体育祭の選手の人選においても、またリレーの練習計画作成においても、彼らの言い分を受け入れつつも、少しでもよい結果を生む決定を引き出していく。そうするなかでかれらのすれ違いや仲違いを筋のある物語につくりかえ、引き裂かれた生徒たちの関係を繕いなおし、傷ついたかれらの心を包んでいる。彼女自身がケアラーとして子どもにかかわっている。

だから、子どもたちは下校するときは、彼女のいる美術室に立ち寄り、自分も当事者であったその日の事件のなりゆきを話し合っていく。それらの事件の多くは、小学校入学以来のトラブルの延長上のものであることから、子どもたちの自分史や事件史が語られることもある。

小学低学年のときに、浩にいじめられて、怖くて仕方なかったと、当の浩に告げる女子も出てくる。そうしたなかで、子どもたちが自分の生育歴を相対化し、今の自分のあり方をみなおすきっかけをつかんでいく。

大島はクラスをもったときから一貫して二つの男子グループの浩と大輔にクラスのリーダーになることを要求してきた。とくに暴力的なボスである浩にたいしては、かれが進んで友だちにたいする一方的なかかわり方を変えることを求めてきた。それに応えるかのように、浩は修学旅行前に足を捻挫した雅夫（父のＤＶのために母が家出、自殺未遂をしている生徒）の車椅子を誰の手も借りず旅行中押しとおした。

そうした子どもたちの関係の修復がすすむなかで、男子の大半のもののなかに「○○王」というゲームに興じる動きが現れ、それが授業時間内にもひろがる勢いを示すようになった。彼らにとってはギャンブル性の強いこのあそびは他のもの以上に、平等な競い合いを保障するものであったのか、そのゲームのなかでは上下関係にあった子どもたちが平等に争い、孤独なゲーマーもみんなに混じってそれに興ずるようになった。〈注2〉

浩の役割はゲームに興じている子どもたちの要求に応えて、授業時間内までゲームを続けることを大島に交渉することと、許された時間内にゲームを終了させることとなった。おそらく浩と大輔はゲームにともなう争いを仕切り、ゲームのルールの弾力的な運用やルールの改変を主導したものと思われる。〈注3〉

他方、二年の二学期からはじまった五人の女子からなるおしゃべり会が定期化し、やがてそれぞれが食べ物を作って持ってくる、「孤食」「個食」ではない「共食」の「女子会」となった。図書室に登校して、図書の仕事をてつだってもいた礼子と志恵も司書教諭と大島を交えて昼の食事を共にするようになり、その楽しそうな雰囲気に引かれて、男子や女子が覗きに来るようになり、二人も学校行事のスキー教室に参加するようになった。それをきっかけにして教室と図書室に別れていた女子が交流しはじめ、落としあい競争に駆られていた女子たちが和解するようになった。〈注4〉

礼子が小三のときに父が家出し、そのために母がうつ病になった。礼子が中学生になったときに、母がリンパ性皮膚がんとなり、三年のときに亡くなった。そのために、礼子が母の死という心的外傷から繰り返しパニックに襲われるという事態にクラスの子どもたちは直面する。この人間の生と死にかかわる事件は、生まれつつあった子どもたちの男女共同の自治的なつながりを強め、母の死に激しく動揺する礼子が断続的に起こすパニックに配慮し、クラスあげて彼女のケアと支援に自治的に取り組むようになった。浩やマリが彼女の動揺を敏感に察知して、クラスの仲間に伝えると同時に、それに気づかないで授業を進める教師たちにも注意するようになった。

このようにみてくると、大島の実践は子どもたちの関係を繕う（修復する）ケア的な取り組みをとおして子どもの自治を構築するものであっただけではなく、その自治を通じて人間の存在論的基底である「ケア共同体」を再生していくものであったといわなければならない。学級集団づくりはケアから社会的正義の追求へと進むだけではなく、それと同時に自治を介してケアの社会的関連資源を分厚くし、福祉的な社会の基礎をつくりあげていくものととらえねばならない。

これに補足して述べれば、大島は中三の集中的な課題の一つとして、一人ひとりの生徒が自分の中学校生活を反省的に総括して、進路選択に取り組むことをあげているが、その場合でも二年間の学級集団づくりのなかで積み上げてきた「自立と共存」という観点から生徒たちが進路選択をすることを求めている。そのことは、生活と学習の両面において困難を抱えている五人の男子生徒が、高校でもつながって生きるために、S総合技術高校を自主的に選択したことのなかに見ることができる。〈注5〉

大島は、学校時代につくられた共同の関係が中学・高校卒業後の職業・労働生活を支える大きな力を持っていることを意識して生徒たちの高校選択を指導したという。このことは、中学三年までの義務教育では今の子どもを社会に送り出すわけにはいかないという問題意識が、彼女のなかにあることを示している。〈注6〉

2　農漁村のなかの子どもの貧困

（1）人間存在の基底としての「家族」と「地域」の崩壊

波田みなみは二〇一三年の全生研京都大会に「龍と大介がいた三年間」というレポートを報告しているが、それ以前に二〇〇三年、二〇〇七年、二〇〇九年にレポートを提出している〈注7〉。

その二〇〇七年に提出したレポートによれば、農業中心の地域にあるA小、漁業町のB小の二つの小学校からくる中学校だが、A小からの女子生徒は一名のみ。成績の良い生徒は区外の私立に抜け出ることも多い地域である。波田のクラスは、男子一二名、女子九名。男子三分の一が父子家庭で、なかには父親すら別居や不在がちで、祖父母が養育している状況。A小地域は昔は安定していた農業が行き詰まり、B小地域は遠洋漁業が中心で父親不在が多く、漁業も不振であるとされている。

二〇〇七年時点で、A小学校の女子で地元の公立中学校に進学したものが一名であったところにみられるように、彼女の勤務する地域は公私の中学校格差によって大きな亀裂を抱えることになっていた。

二〇〇九年に提出されたレポートによると、山間の中学校に転勤して担任となったクラスは、かつては貧困と差別にたいしてたたかった地域であるが、男子一四名、女子一五名からなる二九名のうち、父子母子家庭が七名、精神疾患の親を持つ生徒が二名、精神外来に通院する女子は三名。小学校からずっと一クラス。小学校五・六年では学級崩壊。小学校での「いじめられた」「親ぐるみ非難・中傷の的にされた」などで、噂好きの保護者を含めたトラブル・確執がつづいたままの状態だったとされている。

ここに見られるように、波田が勤務する地域は、勤務校が変わったこともあるが、この一〇年間に地域と家族の貧困化が進み、その亀裂、解体、崩壊が加速化したと推測することができる。その結果、波田の学級は日本の子どもの貧困率の上昇を如実に示すものとなった。このために、子どもたちは、おとなとおなじく、「他者とともに世界の中にあり、他者と応答しながら世界をつくりあげていく」という人間として存在できないという危機的状況にさらされることになった。

そのことは、二〇〇九年の全生研大会に提出された記録に書かれている詩香と志野の二人の女子ならびに二〇一三年の全生研大会に提出された記録に書かれている龍と大介の二人の男子の家族史・生育歴に如実に見ることができる。

（2）詩香と志野

女子の二人は、父母が幼児期に離婚し、父または義父に虐待を受け、中学校までＰＴＳＤ（心的外傷後ストレス障害）をひきずって生きてきた。

詩香は母に引き取られたが、母が三歳の頃に再婚し、義弟が生まれた。その母が、彼女が小二の頃に蒸発し、義父から虐待を受け、義弟と二人、食事にも窮したことがある。詩香は波田にその後の「むごい」生活を語るが、波田はそれにまったく感情表現がないことに気づき、彼女はその体験と心情を乖離させているのではないかと教えられた。

その後、詩歌は二年の夏に関東にいる母のもとに行き、母と一緒に生活をしたが、母がうつ病、同居している男性が躁うつ病で、生活破綻していることもあって、地元に年度末に帰ってきた。しかし、帰ってきた詩歌は鼻、唇、耳などの十数個のピアスをつけ、金髪で派手な化粧をしているために、教室に入れるべきかどうかですったもんだがあった。夏までは級友たちと一緒に生活していたが、母から「詩香が帰ってこないと死ぬ」というメールが度々届き、最終的には母のリストカットの写メが送られ、居ても立ってもいられなくなり、ふたたび母のもとに行き、ついに帰ってこなくなった。

他方、志野の母も父の暴力から別居、その父が別居先にまで押しかけて、一歳ごろの志野の前で暴力を振るったことがある。母は再婚したが、うつ病を患い、入院、通院し、志野が小学校の頃から慕っていた義父と離婚した。その頃から彼女の解離症状がひどくなり、嘘をついて虚構の世界に住むようになるとともに、親しくしてくれる女子にストーカーのように付きまとい、トラブルを次々と起こすなかで、摂食障害におちいり、三年の夏休み中入院することになる。治療のために母親の入院している病院にひと夏入院するなかで、母親とおなじ看護師をめざすようになり、これまでの嘘で固めた虚構の世界から脱して、人が違ったような素直な表情を見せ自分の目標に向かってがんばり始めた。

波田は「『彼らが一歩踏み出せば、騙され裏切られ競争に投げ込まれ、脱落者には誰も手を差し伸べてくれない世間だからこそ中学校の最後の一瞬でも、人とは信じられる、本音を語っても冷笑したりせず受け止めてくれる仲間が確かにあの時存在したという経験をさせることに労力を傾注したい』というのが私の最終目標だ。『思いを語る会』の直前まで裏切り・いじめ・悪口やいさかいの絶えないクラスだったが、何とか『思いを語る会』にこぎ着けた」と書いている。その後、生徒たちは志野もふくめて「全校オープン・ハート」集会（卒業生一人ひとりが中学校生活の思い出を全校生に語る集会）で中学三年間の自分と他者に関わる思いを下級生に語った。

かれらはそれを意識していたかどうかはわからないが、この集会をつうじて生徒と教師たちは底が抜けてしまった地域を修復し、いつまでも彼らのなかに残る「故郷」を再生したということができる。ここにおいて創出されたのは、家父長的支配の下にあるかつての「同窓会」ではなく、ハンナ・アーレントが「諸権利をもつ権利」といった「ハイマート」（「故郷」）である。[注8]

それはまた人を終生にわたって心的にケアする「故郷」である。

（3）龍と大介——家族と地域を修復するケアと自治へ

二人の女子の紹介はこの程度にとどめて、このような子どもたちにたいして波田がどのようにかかわっていったかを龍と大介に即してみることにしよう。

波田は学級開きで「『人間関係ほど煩わしいものはない』と考えていた私が、今まで出会った中学生から、『人は分かり合える。分かり合える関係は、大きな支えになる』ということを教えてもらった」という話をする。そして、これを前提にして「私は、個別の対応に時間を割きながら、自ら自己開示する学級開き・思いを聞き取る面談、生活綴り方作文・トラブルや行事の度に生徒同士をつなげていくこと等に取り組もうとした〈注9〉」といっている。

これらのことは生活指導教師としては当然のことではあるが、それらを貫いているものは、生徒が自ら進んで自分の生活現実とそれに対する思いを語り、書くように指導していることである。波田は夏休みを子どもの生活作文の添削に当て、子どもと面談し、事実と子どもの思いを聞き取り、対話をかさねて、それを仕上げ、クラスに発表させている。この波田と当の生徒のあいだの「聞く―語る」関係のなかに波田のケアが息づいており、そうであるからこそまた生徒も語りだしているのである。

彼女はそれを「自己開示」とよんでいるが、それは「心理学」的なものではない。「生活綴り方」は「生活のありのままを綴るものである」といわれているが、それは正しい説明ではない。それは現実に立ち向かっている自分の悲しみや喜びや憤りを書き込むことによって、所与の現実を自己の思いの充満した自己自身の現実に作り変えていくことである〈注10〉。

子どもたちが語り、書くことのなかで取り出されてくる現実は、拒否された可能性ではない。

それは当の子どもの悲しみや喜びや憤りが充満している現勢的な可能性なのである。〈注1〉

そのためであろうか、二〇一三年大会提出のレポートでは、大介も、また龍も、生きることに疲れたというか、敗北せざるをえなかった父をケアしようとして、そのケアの葛藤や軋轢のために、学校の内外で荒れる子どもとしてとらえられている。実際、子どもというものはたんに親に依存して生きているのではなく、親の生に自分の生を重ねて生きており、親に気配りをし、そのケアの葛藤と軋轢に巻き込まれているものだ。そうした子どもの真実に波田が触れることができたからこそ、彼女は大島とおなじくケアにおける葛藤と軋轢という面から子どもを捉えることができていたのではないかと思われる。

だから、彼女の実践記録のなかには、一人ひとりの子どもの、また関係者一人ひとりの具体的現実が、ということは、一人ひとりの具体的な悲しみや願いや憤りが、切実なものとして数多く取り出されている。もしかしたら、女の子だけでなく男の子も、父母を見守り、気遣っているかもしれない。それが満たされないとき、彼、彼女らがその葛藤を激しい行動として表すのではないか。それが大介や龍にたいする波田のケアと指導を促し、一人ひとりの子どもを中心とする、またひとつの家族を中心とする、教師を含む地域の人たちの共同の物語をつくることになったのではないか。

波田は、大介の悩みは父が仕事もせずに焼酎を一升も飲んで荒れることにあるのではなく、「父を押さえつけた時は、自分がカッとなっちょった」ことにあることを聞き、大介が父をケアしながら、父に対する暴力衝動に駆られていたことに苦しんでいたことを知る。だから、彼女は「大介もつらかろうが、絶対に手を出すな！　何かあったら近所の校長先生宅へ駆け込め！」と話している。

また、大介の母が二日続きの保護者の集まりに出席し、二晩目は片づけが終わったのに帰ろうとしないのに気づいて、声をかけ、話をきいてみると、母親は「自分は普通学級ではなかった」と話し出し、家事がきちんとできないでいる悩みを聞き取っている。それが原因で家がゴミ屋敷になっていて祖父母から疎まれて、自分たちと関係をもとうとしない。夫も家事ができないことで自分に厳しくあたり、アル中になっていることを知る。それがきっかけとなり、福祉課二名と波田が母親と面談し、父母の無料検診を勧め、断酒会とも連絡を取るまでになった。

その後、「今晩炊く米がない」という話を聞き、波田は母との度重なる相談をして、支援会議の援助を得て、生活保護を申請し、父の生活保護と就職が確保されることになった。

それに引き続いて、波田とA先生は、兄弟二人の学資をつくるために子ども手当てをどのように使っていくかの具体的な計画を立て、母親が子ども手当てを仕分け袋に分けて、家計を管理することができるようになった。その後も、養護教諭が母に家事仕事を教えたり、教師と保健師が手分けをして、父と祖父との争いを鎮めたり、麗奈の母のよびかけで大介の母を囲む料理をつくる会が持たれたりしていく。

大島の実践では、礼子の指導をめぐって校長、スクールカウンセラー、大島、礼子の父が集まって対応策を相談していたが、波田は「底が抜けた」家族と地域の修復に取り組むキーパーソンとしてケアスタッフを組織している。大島にしても、波田にしても、子どもの福祉のために、家族の離散を修復し、家族間の対立を調停し、家族連合を作り出して、「底が抜けた」地域社会の再生に取り組んでいる。

いまの子どもと家族の実情を考えると、こうした役割を果たす教師またはスクールソーシャルワーカーは必要不可欠なものとなっている。教師一人、担任一人に子どもの指導責任を抱えさせる時代ではなく、教職員をはじめとする関係者が連携してひとりの子どもの指導と援助に取り組むことなしには、ひとりの子どものケアも教育もなしえない時代であることを意識しなければならない。

波田は、「教師の中に『大介も次男も能力が高いのに、この家の環境では能力が伸びん』というものがいる」ことに対して、「子どもを伸ばすための道を模索して、まわりの大人ができることをしていかなれば、父母がその能力がないことが分かっていて、何の手も差し伸べないのも、また周りの大人のネグレクトだと強く感じた」と述べている。〈注12〉そういうことで、彼女は、社会が憲法二六条の「義務教育」規定を国家に守らせることができないでいることを指摘しているとみていいだろう。

それはともかく、このような取り組みがなされるなかで、大介は鬱屈した自分を友だちに開きはじめ、バスケ部に参加し、新しい自分つくりをはじめた。そうしたとき、波田はもう一人の龍にたいして大介とともに「父に苦しむ友の会」を作ったらどうかと持ちかけている。

龍の父母も、小一の頃に別居した。姉と弟が母の元についたが、龍は「自分がいなくなると、お父さんは生きていけない」ということから父の元に残った。かれは、焼酎を一升ほど飲んでは泥酔し荒れる父を布団まで引きずって寝かしつけるその反動が、学校のなかの荒れとして現れ、「先生らに、俺の気持ちが分かるか！」とくってかかるだけでなく、暖かい家族に囲まれている友だちに腹を立てていじめる行為に出る。その後も、父母が離婚するなかで、龍の荒れはエスカレートし、キレることが多くなった。

そういう父をめぐる家族・親族のトラブルに振り回され、そのトラブルが警察沙汰になるなかで、波田は龍の悲しみと怒りと、時たま訪れる家族の平和を聞き取りながら、龍と二人でひそかに「父に苦しむ友の会」をもってきた。それを大介まで広げることをもちかけたのだが、それは直ちに実現はしなかった。

だが、クラスのなかで人権作文が交流され、麗奈を女子数人で小学校時代にいじめていた美香が「後悔している」と発表することになったので、事前に麗奈と美香との話し合いの席を設けて、「お互いの思いを分かり合う」ことで彼女たちは和解した。

そうしたことがクラスに広がるなかで、龍と大介が中心となって、家庭、家族のことで苦しんでいる数人の男子からなる「父に苦しむ友の会」が開かれるようになった。

麗奈を中心とする女子と「父に苦しむ友の会」の大介・龍たちがクラスのリーダー集団を形成

し、学級集団はクラスの一人ひとりの自己と他者とのかかわりを支援すると同時に、全校生徒集団づくりに取り組み始めた。

そのフィナーレは、いうまでもなく、卒業式前日に開かれる「全校オープン・ハート」集会であった。だが、それが子どもたちを含む地域の人たちにとってどういう意味のあるものであるのかについては波田は語っていない。しかし、それは日の丸掲揚、君が代斉唱の卒業式でないのは確かなことだと思われる。

【注】

1 大島冴子「三Aの話」(『全生研第五五回大会紀要』私家版、二〇一三年)、他に大島の記録としては「2Aの女子たち」(『全生研第五四回大会紀要』二〇一二年)、「浩と」(『生活指導』二〇一二年二月号)、「三の一の話」(『全生研第五二回大会紀要』二〇一〇年)、「二年B組の話」(『全生研第五七回大会紀要』二〇一五年)などがある(『大会紀要』はすべて私家版、以下同)。

2 大島学級における男子と女子の学級崩壊からの抜け出し方をみると、それは、男子の道徳的な発達を女子に適用し、女子の道徳的発達の「低さ」を問題視してきたこれまでの道徳的発達観とは違って、男子と女子とのあいだに道徳的な発達のし方に違いがあると論ずる発達論論争を想起させてきわめて興味深い(キャロル・ギリガン『もうひとつの声——男女の道徳観のちがいと女性のアイデンティティ』(川島書店、一九八六年)現在絶版)。

この性別による道徳性の発達についてエヴァ・フェダー・キティは次のように述べている。

「一方のカントの倫理学の出発点が自律的な道徳的主体であるとすると、他方、ケアの倫理の出発点は関係性の中にある自己です。正義に基づく倫理に典型的な熟慮とは、感情に惑わされることなく、一般的な原理にそって、現実の一つひとつの事例のなかで道徳的に何をするべきかを、理性が判断することだとすれば、他方の、ケアに基づく倫理に典型的な熟慮とは、感情にも耳を澄ませながら、文脈に応じて、一つひとつの状況の個別性に注意を払うことです。さらにいえば、正義の倫理が偏りのない判断に基づいているとすれば、ケアの倫理は、一部の人を重視するような判断こそ、ときに適切であり、また道理にかなっていると考えます。正義が義務や契約を守ることを強調するのに対して、ケアの倫理が強調するのは、責任と関係です」(「ケアの倫理から、グローバルな正義へ」キティ他『ケアの倫理からはじめる正義論——支えあう平等』(白澤社、二〇一一年) 四六頁)。

ただし、私は日本の子どもの道徳性の発達にこのようなとらえ方が当てはまるか疑問を持っている。後に提示する波田みなみの「父に苦しむ友の会」はその反証となっていると思われる。

3　R・カイヨワ『遊びと人間』(岩波書店、一九五八年)を参照されたい。

彼は序列が固定化しているような社会においては、賭けは平等な競い合いを可能にするあそびとなるとしている。彼によれば、あそびには①競争、②賭け、③模擬(演劇)、④めまい(たとえばスピード)、という四つの類型があるとしている。

大島学級の男子たちは「賭け」を介して既存の上下関係を緩めて、新しい関係をつくろうとしたのだということができる。それにたいしていえば、第五四回大会の「基調報告」のなかで高木安夫が提起した隆信を主人公とした「孫悟空」という劇は、隆信にとっては自分とは異なる「人格」となることであったということができる(本書Ⅰ—3「隆信が孫悟空を演ずるまで」を参照されたい)。

前二者のあそびの類型は、既存の集団から脱出するあそびだとすれば、後二者のあそびはこれまでの自分から脱出するあそびだということができる。

4　この「女子会」にも、いつもの自分でない自分を演じる仮装パーティのような要素があったのではないか、それがスキーをしたこともない二人の女子にスキーというプレイ（演技＝あそび）をさせたともいいうる。学校という場所はフィクショナルな場ではあるが、それゆえにこそまたリアルな場でもあるのだ。

これに関連して言えば、小学校からクラスが一つだったために、関係と一人ひとりの評価が固定化され、クラスも子どもも変わりようがないという報告が少なからずある。

そうした場合、既存の関係を転換するためにギャンブル的なあそびや、これまでの関係のなかでつくられた子どものペルソナを転換するために仮装パーティや演劇的なあそびを導入し、子どもが固定化された関係とペルソナから自由になれる可能性を保障する文化活動がもっと創案されていいのではないか。子どもたちは遊びのなかで「固い」現実から「自由な」現実へと飛び立ち、既存の「関係とペルソナ」とは異なる「関係とペルソナ」を我が物とすることができるようにすることが必要とされているのではないか。

遊びの指導が小学校実践のなかに多く見られるのに、その教育学的な考察が驚くほど弱い。なぜ教師と子どもがマジックに興じるかを考えれば、そこから新しい現実を作り出す実践的な道が見えてくるはずだ。

5　中学三年の学級集団づくりに典型的に現れる学級集団づくりの二重性——全員加盟の公的な学級集団づくりと自己選択による共同的なグループづくりの二重性については、拙論「子ども集団づくり中学三年　分科会基調」（『全生研第五一回大会紀要』二〇〇九年）を参照されたい。

6　私は、バブル崩壊後に日経連が「新時代の『日本的経営』」（一九九五年）を公表したのに対抗して、『高校生活指導』一九九八年秋号に「中等教育をすべてのものに——高校教育の義務化をめぐって」を発表し、「変形一二年制義務教育論」を提唱した。

「変形」というのは、一五歳になれば、子どもは労働する権利を持つことを視野に入れたもので、中学卒業後ただちに高校に進学せず、就労し、その後、勉学したくなったときに無償で高校教育への権利を一五歳以後の若者に保障するというものである。

私のこうした「義務教育」規定は、子どもに①生存権の保障（憲法二五条）と②教育の権利（同二六条）と③労働する権利（同二七条）を統一的に保障することを親ならびに社会・国家に義務づける「権利＝義務教育」を意味し、子どもに教育を受けることを強制的に義務づける「強制＝義務教育」を意味するものではない。

だが、民主的な教育運動は憲法二六条の「義務教育」規定に懐疑的であったために、私の提言は宙に浮いたままになっている。そのことは、「日教組教育制度検討委員会」が「障害児教育の義務化」を支持しながらも、憲法において規定されている「義務教育」に積極的でなかっただけでなく、それを「強制＝義務教育」とみなして、その用語の使用に消極的であったことによく示されている。そのために、「障害児教育の義務化」に見られたような「教育と福祉の統一」という課題を発展的に追求することを疎かにしたといえないことはない。

このために、教育運動は子どもの貧困の深化と広がりに実践的に対応するのに遅れることになったといえなくはない。

7　これらの波田のレポートは、「カズの卒業式」（『生活指導』二〇〇四年一一月号）、「一人で抱えるしかなかった思いを、分かり合おうよ」（同二〇〇八年一月号）、「わかり合い、つながり合い、支えあう仲間に」（前掲『全生研第五一回大会紀要』）、「龍と大介がいた三年間」（前掲『全生研第五五回大会紀要』）として公表されている。

8　川崎修『アレント――公共性の復権』（講談社、一九九八年）を参照されたい。
アーレントは『全体主義の起源２』（みすず書房、一九七二年）のなかでこの点について次のように述べている。

「無権利者の不幸は、彼が生命、自由、幸福の追求、法の前の平等、いわんや思想の自由などの権利を奪われていることではないからである。これらすべては所与の共同体の内部の諸権利を守るために定式化されたものであり、それ故に無権利者の状態とは何の関係もない。無権利状態とは、これに対し、この状態に陥った者はいかなる種類の共同体にも属さないという事実からのみ生まれている」（二七九頁）

「人権の喪失が起るのは通常人権として数えられる権利のどれかを失ったときではなく、人間が世界における足場を失ったときのみである。この足場によってのみ人間はそもそも諸権利を持ちうる」（二八〇頁）

9 前掲、波田「わかり合い、つながり合い、支えあう仲間に」

10 私は若いころの論文のなかで「生活指導は『生活する主体としての子どもの指導』と定義づけたが、『生活する』とは、直接的な対象であれ、間接的な対象であれ、自我が対象と切り結ぶ現実を生きることである。現実は自己実現、自己表現（高度なそれであれ、低級なそれであれ）を拒絶しているなかで、自我は自己実現を遂げねばならない。でなければ、『主体としての子ども』という必要はない。自己表現、自己実現をとげるもろもろの段階があるにしても、そこには自己と対象との相互関係が教育のリアリティをつくっていくのである」と述べたことがある。

さらに、「たとえそれら（子どもから提出された綴り方や詩）が形式的な、自己喪失の綴り方であろうと、教師はそれを土台に生徒の概念くだきと感情のときほぐしの仕事にとりかかる。疎外され、抑圧されてきた自己を綴り方、詩においてリアルに表現されることを求める一方、教師はつづり方指導を通して、子どもの主体性の確立を、回復を目指すのである」と述べたことがある（「生活指導の本質と集団指導」宮坂哲文他編『生活指導の歩み』小学館、一九五七年）。

そして、これに引き続いて私は国分一太郎『生活綴方ノート　Ⅱ』（新評論、一九五五年、二一頁）の「子どもたちに、自分の生活経験を自由に、ありのままに、リアルに表現させ……このことによって、こういう事実を見て、自分はこう考え、こう感じたということが外に向かって表出する習慣を形成しようとしたのです。この仕事を子どもたちの自己形成の第一歩としたのであります」を引用して、現実を「正確」に見ても、自分のそれにたいする感情が表現されないことには、その「現実」は自分自身のリアルな現実にはならないとした。

私が国分の文章にこのようなコメントを付け加えたのは、戦後生活綴方が戦前の児童生活詩の伝統の継承に欠けるところがあると思っていたからである。

11　このように注10で述べたのは、当時の私は「現実」または「現実性」なるものを客観的なものとはとらえず、実存的なものとしてとらえる考えを強く持っていたからである。だから、前掲論文のなかには、キェルケゴールからつぎのようなことばが引用されていた。

「現実性は拒否された可能性というが、それは全面的な真理ではない。――寧ろ現実性は充実せる現勢的な可能性である」（『死に至る病』）

「現実性の中で主体性の全関心が登場する」（『不安の概念』）

「現実性は可能性と必然性との統一である」（『死に至る病』）

これらにもとづいて私は「対象は子どもに与えられるものであるが、子どもは自己の実践的意識を通して対象に働きかけるとき、初めて現実性が現れてくるのである。すなわち、自己を実現しようとする主体の意思を立てない限り、認識は停止する場合がほとんどである」と付け加えている。いま読み返してみて、私の考え方は基本的に変わっていないと思う。

12　前掲、波田「龍と大介がいた三年間」

3　生活指導におけるケアと自治〈注1〉

1　全生研第五六回大会の課題——第五四・五五回大会からの宿題

全生研第五六回大会の「大会基調」を「『ケアと自治』を基本とする生活指導と集団づくり」としたのは、第五四・五五回大会の提起を受けて、教育基本法改正以後の子どもと教職員の現実に応えるものへと生活指導と集団づくりを脱構築し、教育の新自由主義的改革に抵抗する道をつけたいからである。

そこで、まずこの二つの大会で提起されたものがなんであったかを確認することからはじめよう。

第五四回大会は「子どもの生活現実に応える集団づくりを創造しよう」という大会主題を掲げ、

その基調提案は「ケアと自治をつなげる生活指導」を構築する必要があると主張した。それは、いまの子どもたちが自己や他者や世界にたいする「基本的信頼」をもつことができない状況にあることを指摘している。そのわけは、新自由主義が生活をその深部まで競争化―市場化し、人びとの社会的連帯はもちろん、個人間のつながりをずたずたにし、「自己選択・自己責任」の名のもとで「自立的個人」として生きることを強いているからである。

こうしたなかにあって生活指導に求められていることは、『『何かができる、できない』『問題を起こすあなたは悪い』といった今学校を覆い尽くしている能力主義・自己責任論を越えた、存在そのものの絶対的承認をもってその子と関わること」であり、「言葉にならないような子どもの呼びかけに応答し、子どもに『基本的信頼』を育み、回復させること」〈注2〉であると提案した。

第五五回大会の基調報告は、もっとも課題の大きな生徒（基調報告の「K」はこうした生徒の略称）の個人指導を軸にして、集団づくりをすすめてきた京都生活指導研究協議会の主張のなかに「ケア」の観点を取り入れて、校内暴力期から主張してきた「共感的指導」をつぎのように深めている。

「私たちは、『K』の行為を道徳、社会規範にてらして裁量するのではなく、それが『善であれ悪であれ』受け入れることから始める。受け入れるというのは許すことではない。その行為を『してしまわなければならなかったんだ』と受け入れるのである。それ（共感的指導―引用者）は『何か理由があるはずだ』という確信に立って『K』の思いを引き出しながら、本音（存在要求）

と対話する関係になるための指導である」

ここから、それは「共感的指導から共闘的指導へ」という指導過程を「配慮（ケア）と応答の関係から、批判・援助の関係へ」と改め、その転換がつぎのような取り組みのなかで進められるとした。

『K』はこれまでの疎外と抑圧に傷ついてきたために、疎外し抑圧するものの暴力性を無自覚に感じ取り、暴力で対抗する自分をつくってきた。しかし、共感的指導が進む中、『K』は自らの傷つきを語り、応答してくれる他者（ケアする他者）との間で、傷つきを癒し、新しい生き方を模索し始める〈もう一人の自分〉が自覚され始めるのである。このとき、『K』への指導は『K』の中に育ってきた〈もう一人の自分〉と共闘する指導に転化していく。……このような共闘的指導によって、集団は『K』の自分づくりの闘いに参加しながら、同時に自分自身の自分づくりと闘う集団となる〈注3〉」

このような「ケアと自治の統一的展開」とも「集団づくりのケア的転回〈注4〉」ともいえる問題を提起した二つの大会の提案は、その後、私たちのなかに真剣な討論を起こしている。

そのなかで、たとえばこれは「ケアから自治へ」という指導過程論の提起だと受け取っていいのかという疑いが出されている。だから、それはかつての「仲間づくり論」の『解放から規律へ』の再現ではないのかという批判があると同時に、いまの子どもの存在の危機的状況に対応するものであると肯定しながらも、どのようなケアが自治を導き出すものなのかが明らかでないという疑問も出されている。

また、たとえばケアと自治との結合をいま改めて提起しなければならないのは、集団づくりが自治的活動をつうじて生存権保障のセーフティネットを張り、子どもの生活向上（福祉）を追求するものであったのに、それが意識的に追求されてこなかったために、いま改めてこのような提起をしなければならなくなっているのではないかという批判もある。そうした立場から、「ケアから自治へ」を問題にするだけでなく、「自治からケアへ」も問題としてとりあげる必要があるのではないかとする意見が出されている。

今大会は、このような論議がひろがっていることを意識して、本基調のタイトルを『ケアと自治』を基本とする生活指導と集団づくり」とし、ケアと自治の相互浸透的な関係を明らかにし、集団づくりの脱構築に取り組むことにした。そして、新自由主義による教育と学校の「改革」と安倍内閣による「集団的自衛権」の導入にたいする批判を込めて、大会主題を「子どもの生存権と教育への権利を保障する生活指導を」とした。

2 新自由主義と教育基本法改正以後の「教育改革」

（1）教育基本法改正の焦点はなんであったか

そこで、子どもと保護者と私たちがいまどのような問題状況に置かれているのかを確かめることから始めることにしよう。

そのためには、「教育改革」を方向づけた二〇〇六年の教育基本法改正の焦点が何であったかをまず問題にする必要がある。

その焦点のひとつは、旧法二条の「教育の方針」を全文削除して、それに代えて新法二条に「教育の目標」を設けたことである。

旧法二条――「この（教育の―引用者）目的を達成するためには、学問の自由を尊重し、実際生活に即し、自発的精神を養い、自他の敬愛と協力によつて、文化の創造と発展に貢献するように努めなければならない」――は、端的に言えば、学問の自由ならびに実生活との結合にもとづいて教育を改造してこそ、教育は「軍事的な国家・社会」を「平和的な国家および社会」に改造できるという確信に立つものであった。

戦前にあっても、戦後にあっても、〈「社会による教育の改造」か〉、それとも〈「教育による社会の改造」か〉という論争が底流としてつねにあった。この論争を意識して旧法二条の「実際生活に即し」という文言に注目すると、旧法は二条において「社会による教育の改造」を、一条において「教育による社会の改造」を謳うことで両者を統一的にすすめようとするものであったと解釈することができる。〈注5〉

そうした観点からみると、憲法二六条の「教育を受ける権利」とは、国家が強制する教育を受動的に受ける「義務」ではなく、ピープルが学問の尊重と実生活との結合という観点から改造した教育を請求する権利（「教育への権利」）であるといわねばならない。

ところが、教基法改正は「教育の方針」を削除し、それに代えて「教育の目標」を新設することによって、「義務教育」を「権利・義務」の教育から「強制・義務」の教育に変えたのである。これが教基法改正の際に新自由主義者によって「国家の統治行為」としての「義務教育」と言われたものである。〈注6〉

その際、注意すべきことは、教基法改正が学習指導要領の「道徳」の「目標」に近いものを新法二条「教育の目標」としたことである。これを受けて、新法は所定の教育内容の修得ならびに学校の規律の順守を子どもの義務と定めた。それと同時に、学校と教師にたいして条文化した教育目標の達成に体系的・組織的に取り組むことを課した。

教基法改正のいま一つの焦点は、新法第一六条「教育行政」、第一七条「教育振興基本計画」にあった。

旧法は第一〇条「教育行政」において「教育は、不当な支配に服することなく、国民全体に対し直接に責任を負つて行われるべきものである」（傍点は引用者）と定めていた。これに対して、新法の第一六・一七条は、教育はこの新教育基本法及び他の法律に定めるところにより行われなければならないと改め、国と地方公共団体の教育行政は新基本法に定められた教育の振興を図るために「教育振興基本計画」を立てなければならないとされ、教育全体にたいする「行政的な指導・介入」を可能にした。

この改正にもとづいて、国と自治体の教育行政は、国家の統治行為としての義務教育をはじめとする教育の全領域に介入し、「行政指導」を通じて教育内容をつぎつぎと改編すると同時に、そこに新しい競争のルールを持ち込み、「教育の競争化・市場化」を矢継ぎ早にすすめ、教師と子どもと保護者をその支配下に置いた。それが教師と子どもに多忙化を強いている主因である。

（2）「教育改革」の新自由主義的本質

教基法改正前後から「教育改革」は、つぎのような形をとって新自由主義的な傾向を強めてきた。

①新教基法の「教育目標」を「確かな学力」、「豊かな心」、「生きる力」、「人間力」へとつぎつぎと拡張し、各学校にそれらにかなった学校目標を立てさせ、その実現を競争的に達成することを課してきた。

②教師にたいしては「目標管理」と「結果責任」「説明責任」を課すと同時に、人事考課による能力別給与制を採用してきた。

③子どもにたいしては「全国学力調査及び学習状況調査」ならびに地方自治体の学力テストを課し、学校・学級・個人ごとにテスト結果を競わせ、地域によっては全国平均を下回る学校には二度も三度も学力テストの実施を迫るという形として具体化された。〔注7〕

これらにみられるように、新自由主義的な教育行政は、行政命令・行政指導をつうじて、教育・学校の「制度設計」に強制的に介入し、それを構成するルールをより競争的なものに変えることでもって、子どもならびに関係者がそれにしたがって「自動的」に競争するように仕向ける。

いま教育行政が目的としていることは、「教育の目標」条項にみられるような新保守主義的な道徳規範を内面化した従順な「規律主体」に子どもを教育することもさることながら、それ以上に市場的・競争的な原理を内面化して、自分自身の人的能力の向上を排他的に追求する「競争主体」に子どもを教育することである。

前者がもろもろの監視装置をとおして規範を内面化する「規律権力」によるものだとすると、後者は、個人の内面に働きかけるのでなく、個人を取り囲む環境を構成する工学的な制度設計やゲームのルールの改変をつうじて個人の行動を操作する「環境介入権力」であるということができる。〔注8〕

佐藤嘉幸は『新自由主義と権力』（人文書院、二〇〇九年）のなかで新自由主義の環境介入権力を規律権力と対比して興味ある議論を展開しているので、いささか長い引用となるが、それを引きながら新自由主義の教育政策の特質を見ることにしよう。

「規律権力は、社会の隅々に規律化の諸装置（学校、工場、病院、刑務所など）を配置し、個々人に規範を内面化させることで彼らを『内的に服従化』しようとした。それに対して、新自由主義権力は、個々人の内面に働きかけるのではなく、むしろ個々人が置かれた『環境〔milieu〕』、あるいはそのゲームの規則に働きかけることによって、環境を均衡化、最適化しようとする。このように新自由主義は、個々人に直接介入するのではなく、むしろ環境に介入してそのゲームの規則を設計することで、環境の最適化を図ろうとする権力なのである。私たちはこうしたタイプの権力を、規律権力に対して『環境介入権力』と名づけることができる」（六七頁）

問題にされている「ゼロトレランス」または「スリー・ストライク・アウト」という規則は、近代社会の「一望監視装置」による「規律権力」のようにみえる。だが、ゼロトレランスは、すべてのものに対して画一的な規範への服従を要請するものであるとは必ずしもいえない。それは、監視カメラなどの工学的な装置や規律違反者の即時排除などのルールをつうじて、違反者を摘発し、別の場に収容することでもって、個人または少数者の私的な自由の追求に寛容な社会をつくりだすことを目的としている。その意味では、ゼロトレランスは、「自由管理社会」をつくりだす新自由主義的な「環境介入権力」に近いということができる。

佐藤嘉幸は〈注8〉のフーコーの所論に注記して、環境介入権力が企図している支配目的は諸個人を「自己の向上のために自己へと投資し、自己のコストを徹底的に管理するような『自分自身の企業家』」、「自分自身にとっての自分自身の生産者」、「自分自身の企業家」、「市場原理を内面化したセルフ・マネージメントの主体」に変えることにあるといっている。

これにつづけてさらに、「現代の新自由主義的統治において、まさしく市場原理を内面化した『自分自身の企業家』による自己のマネージメントが求められている。終身雇用という慣行の撤廃、能力別給与の導入、社会保険の縮減は、ますます自己のキャリアを自己によって立案、管理し、自己の人的資本を高めてさらなる地位の向上を目指す、といったセルフ・マネージメント型の自己統御を促進することになる」（四九～五〇頁）と述べている。

こうした提唱は、一九九五年の日経連「新時代の『日本的経営』」、一九九九年の経済同友会「第一四回企業白書――〝個〟の競争力向上による日本企業の再生」ならびに日経連「エンプロイアビリティの確立を目指して――『従業員自律・企業支援型』の人材育成を」（一九九九年）においで具体化されていった〈注9〉。

この点がこれまでの能力主義教育と新自由主義教育とのちがいである。前者は子どもを「人材」とみなして「能力・適性」の選別と選抜を行ったのに対して、後者は子どもを「資質・能力」の所有主体、自己自身をマネージメントする主体ととらえて、「資質・能力」の選抜・選別に走っている。

（3）新自由主義教育と「学級崩壊」「いじめ・迫害」「不登校」

このような新自由主義的な「環境介入権力」のもとで、子ども・若者は学校システムのなかに埋め込まれている競争のゲームの設計に導かれて、子どもは「自分自身にとっての自分自身の生産者」となるように促される。新自由主義教育が目的としているのは、「自己選択・自己責任」を原則とする「自律的人間」であるとされているが、その実体は「自分自身を管理・統御（マネージメント）する排他的な経済主体（エージェント）」だといってよい。

その場合、新自由主義な教育改革は、すべての子どもを強制義務教育のなかに過剰包摂はするものの、全教育をとおして、市場原理を内面化して自己を統治することに適応したものは社会の中に生きさせ、適応しえないものは社会の外に打ち棄てる。それは教育をとおして子どもたちのなかに包摂と排除の切断線を埋め込むことでもって、子どもたちを「自分自身のための自分自身の企業家」に教育することを企てるものである。

そのなかで子どものなかに広がり、今なお終わる見込みのないものに「学級崩壊」と「いじめ・迫害」〈注10〉と不登校がある。それらは、臨時教育審議会が始まった年から数えて二〇年、「新時代の『日本的経営』」から数えて二〇年経ったいまも、「包摂と排除」を事とする新自由主義教育の陰画のごとく途切れることなくつづいている。

「授業崩壊」「学級崩壊」の「大量出現」は、竹内の前掲書『いまなぜ教育基本法か』によると、いまから三〇年ほど前にK市N区の大半の公立小学校の上学年に「授業崩壊」「学級崩壊」が一斉にひろがったのがはじまりであるといわれている。

　その契機は、K市にある有名私立中学校が前年の入学試験においてテストの点数では合格していたはずの二名を小学校の出席不足を理由に不合格にしたことにある。それを中学受験の予備校が大きく宣伝したために、その中学校受験志望者が小学校に出席し、教室でやりたい放題をするようになった。そのために、有名中学校の圏域の小学校上学年のクラスに「授業崩壊」と「生活集団の解体」がいっせいに広がったというのである。

　このころすでに、教師の問いに黙って答えないものに「早く答えろよ」と非難し、もたもたしているものに「だからドジだといわれんだ！」と野次り、子どもたちに考えさせようとする教師にたいして「早く答えを教えろよ」と叫ぶ「できる子」の言動が目立つようになった。

「授業破壊」の顕在的または潜在的な中心にいるものは、この手の子どもたち、すなわち、教室のなかに設計された競争的なゲームのなかで「ひとり勝ち」を追求してやまない子ども、「自分自身のための自分自身の企業家」である子どもたちであった。彼ら・彼女らは授業空間において自分たちの支配権を守り抜くために、ときには露骨に、またときには陰湿に競争相手にたいする「いじめ」をしかける。それだけでなく、さらにはリーダー的な子や教師をもいじめの対象とする。

　だが、「勝ち抜き」競争は、その裏側に「つぶしあい」「落としあい」といってよいいま一つの競争的なゲームが張り付いている。それは、競争的なゲームを通じて排除されたもののなかの更なる排除の競争である。

この二つタイプからなる競争的なゲームは、つぎつぎといじめの標的を取り替え引き替えてすすめるために、子どもたちはパニック状態におちいり、いじめられないために、つねにいじめる側に与するように立ち回る。そうしたなかで、「いじめ」と「報復（いじめ）」が入り乱れ、加害者と被害者が入れ替わり、そうした関係が修復されることも、和解することもなく、何年もつづくことがある。〈注11〉

その果てに「いじめ」が子どもを死に追い詰める「迫害」に転化する危険性をはらむだけでなく、事実そうした事件が起こる。その場合、それは被害者・加害者・観客・黙認者からなる「四重構造」の集団的な「迫害」として現れることもあれば、大津いじめ事件にみられるような、排除されたもののたちのなかの「囲い型」の迫害として現れることもある。

しかし、こうした「いじめ・迫害」がクラスのなかに生じていたことは誰も知らなかったわけではない。すべての子どもたちとは言わないまでも、大多数の子どもが知っていた。それは、事件が明るみに出ると、いじめ・迫害があったことを証言する子どもがつぎつぎと現れることにおいて明らかである。

3　集団づくりのケア的転回

(1) 新潟県生活指導研究協議会の試み

このような問題事態のなかにあって、新潟生研は全生研第五四・五五回大会の問題提起に触発されて生活指導・集団づくりの実践の見直しに取り組んできた。その試みは、とくに第五五回大会の後の一一月に開かれた新生研（新潟県生活指導研究協議会の略称）第四五回大会の基調提案「子どもたちの苦悩や葛藤に応答する集団づくりの世界を」（文責・木村哲郎）の第二部「八木実践からケアと自治の集団づくりを考える」のなかにみることができる。

この基調提案の第二部に取り上げられている「八木実践」とは、八木優子が『生活指導』二〇一三年六／七月号に提出した「付き合いながら出会い直す」（完成原稿は第四四回新生研大会要項に所収）である。この基調提案と実践記録の題名を見ると、そこに私たちが目指している集団づくりの脱構築に関するキーワードのいくつかが並んでいる。それは、「苦悩や葛藤に応答する」「出会い直す」「ケアと自治」である。これに八木が第五五回全生研大会に提出した「つぶし合いをやめるまで」（前掲『大会紀要』所収）の「つぶしあい」を先のキーワードの冒頭に置くと、彼女の実践がどのような文脈のなかで展開されたのかが見えてくる。

基調提案が取り上げている八木の実践記録は、両親の葛藤に巻き込まれて中一のときから学校の秩序に従えなかった亜美は、中二の夏休みに母親が家族を残して家を出てからは、登校・不登校をくりかえし、逸脱行動をエスカレートするようになった。その亜美にたいして、中三の学級担任となった八木がどのようにかかわったのかを記録したものである。

その記録を、亜美と八木、亜美とクラスの関係が何を契機にして変わったのかという視点からみると、次のような点を挙げることができる。

①「受け容れること」

八木は、家族の葛藤に巻き込まれ、母に「捨てられ」、混乱のうちにある亜美を「まるごと受け容れる」ことから彼女との関係を始めている。これと同じ実践のスタンスは、「つぶし合いをやめるまで」のなかでは、「ありのままに見守る」といわれている。

新潟生研の基調は、「ありのままに見守る」という言葉を、竹内常一のつぎのような言葉でもって説明している。

「『ありのままに見守る』ということは、『子どもの好きなようにさせる』ことでも、『好き勝手を許す』ということでもない。それは、子どものありのままを、その矛盾を含めてまるごと受け容れ、見守ることである。つまり、『ケアする』ことである。教師は、彼ら、彼女らが自分も他人も傷つけないように気遣い、配慮しながら、『あなたはそこにいるのね』『私はあなたのそばにいるよ』と見守る。傷つき、問題を抱え込んでいる他者としての子どもの傍らにいることによって、子どもはそのありのままの自分、矛盾した自分と向かい合い、新しい自分を生み出してくることを待つことである〈注12〉」

②担任としての「宣言」――教室を亜美の居場所にする

第二の注意すべきことは、八木はクラスと教師集団に対して、「私はしばらくの間、亜美が教室で何をしても、いっさい叱らないことにしました。彼女にとっては、ここが居場所になることが一番大事なことだと思うからです。今の彼女は私が叱ると心を閉じてしまいます。彼女が安心してここで過ごせるようになるまで、いっさい叱りません」「担任として、彼女の居場所の確保を最優先に考え、当面はいっさい叱らない。それに関しては他教科や先生方に迷惑をかけるかも知れないが、承知してほしい。授業の場面で困ったら、いつでも学年部に言ってほしい」と言っていることである。

この「宣言」は表面上の意味以上のことを含んでいる。それは、行政権力の「目標管理」と「説明責任」「結果責任」に縛られるのではなく、「応答責任」(responsibility―生徒のニーズに応答する責任)にもとづいて、彼女とクラスの子どもが要求・必要としている生活と教育を共同してつくりだすという「宣言」であるからである。

そればかりか、このなかには「亜美は学校でしか学べないから、彼女がどんな状態でも、受け入れることを最優先に考えましょう」と会議の席で発言した前校長の声が響いている。その声には、「亜美のような子どものためにも、学校は子どもの居場所でなくてはならない」、「居場所であってこそ、学校は教育と学習の公共空間になるのだ」とする学校のとらえ方がある。このなかには、小・中学校は子どもの「生存権」を保障すると同時に、「教育への権利」を保障する「権利・義務」教育の学校でなければならないという前校長の抵抗が込められている。

③ケアをつうじて「呼びかけと応答」の関係を紡ぐ

八木は、このようなケア的なかかわりのなかで、亜美の目線で学校・学級や子どもたちを見なおすことができるようになった。八木の感受性は、亜美が同年齢の子どもたちと交わりたいのに、その集団に加わることができないでいる悲しみといら立ちと高ぶりを感じとっている。そのなかから亜美とのあいだに「呼びかけと応答」(call and response)の関係が断続的に始まり、深まっていく。

そんなとき、八木は、授業中、席をたびたび替えて学習に取り組まない亜美に迫るときが来ていると判断し、彼女の班を叱った後、亜美になぜ授業中前を向いて坐っていることができないのかと問いただした。それにたいして彼女は「やったって、すぐに〈勉強ができないという—引用者注〉壁にぶち当たるもん」と抗弁するかのように答えた。

これに似たトラブルがあったとき、彼女の言葉によれば、これは〈八木と「ケンカ」をすることができた〉ということであったらしい。このことは「ケア」の非対称的な関係が「相互応答」的な「対話」に変化し始めたことを示している。

そして、両者のやりとりのなかで、「勉強ができないという壁」とは、教室のなかに埋め込まれている「包摂と排除」の切断線であることが子どもたちに意識されていく。

④担任とクラスに対する亜美の抗議――当事者主権

一二月になって、班長会は「今なら誰と一緒になっても大丈夫」との判断に立って、くじによる班替えをすることになった。だが、悪いことに彼女が欠席していたときにそれが行われたために、彼女はこれまでの班員たちとは別の班に編成されたことを拒否し、これまでの班の席に居座った。

彼女はやっと行動で「自分の不利益には黙っていない」ことを示した。それだけでなく、家庭訪問に来た八木にたいして、先生が「みんながいいといわないと決めないいって。なのにこの前の席替えはさ、うちがいないのに勝手にやったじゃん」と抗議した〈注13〉。

このなかの「みんながいいといわないと決めない」というのは、裏返して言えば、「みんなで決めなかったことは守らなくていい」ということでもあるのではないか。

亜美は、八木がそうした約束を反故にして、決定を自分におしつけるのは不当であると抗議することができたのだ。それができたということは、彼女が「当事者主権〈注14〉」を行使して、教室のなかに埋め込まれている「包摂と排除」の切断線を越えることができたということでもある。

⑤ケアと自治の相互浸透——当事者主権と集団自治

担任の八木は、亜美がどのように学校とクラスをみているか、どのようにかかわろうとしているのか（かかわろうとしていないかをふくめて）をクラスに伝えて、子どもたちに亜美が意識的、無意識的にクラスに問題提起をしていることを意識させ、それをクラスやリーダーたちの討論の対象にしている。また、八木は、年長のネット仲間から亜美が知った社会的な諸問題を子どもたちの話題にしていることにも注目したい。

このような八木の実践のなかで、クラスの子どもたちは、班を彼女の居場所にするような「付き合い」をはじめ、亜美とのあいだにある切断線が「勉強ができない」ことから生じていることを知って、彼女の学習をゆるやかに支援するようになった。また、彼女の班替えの不当性の主張を受け入れて、彼女の納得いく新しい班替えを決定するようになった。子どもたちは、亜美の当事者主権を尊重し、亜美の問題提起とニーズに応える討論を組織することのなかで、クラスを自治的集団につくりかえていったのである。

それと同時に、子どもたちは、人間という存在は傷つきやすく脆い存在であること、ケアし、ケアされる関係性が人間存在の基底になければ、人間は存在することができないことを学び、自治的集団はケアと福祉実践をつうじて一人ひとりの生存権と幸福追求権を保障するものでもなければならないことを学んでいったといっていいだろう。

（2）「呼びかけと応答の関係性」

ここに見られるような八木の実践が私たちのなかに生まれたのは、私たちが非行、不登校、いじめ・迫害、発達障害、被虐待の子どもとどのようにかかわったらいいのかを探りつづけてきたからである。そうした実践のなかから、私たちは先に紹介した八木の実践記録や新潟生研の基調提案のなかにあるキーワードをつくりだしてきたのである。

そこで、いま「呼びかけと応答の関係性」と「ケアの倫理」という二つのキーワードをとりだして、それらがなにを意味するものか若干の説明をしておきたい。

まず前者についていうと、教師が子どもとかかわるとき、ふたつの関係のいずれかをとるかという岐路に立たされる。その一つは、子どもを管理の対象と見なす関係である。そうした関係にあっては、教師は子どもという他者を自分の意思に従うもの、つまり自分の「所有物」とみなす。つまり、他者である子どもを「我有化」（私物化）し、子どもとの関係を「私とあなた」の関係とみるのではなく、子どもの他者性を否定する「私とそれ」の関係と見なす。

いまひとつは、教師が子どもを自分とは異なる個別的な独立した人間存在としてとらえて、「私とそれ」の関係ではなく、「私とあなた」の関係を結ぼうとする場合である。そのために、教師は子どもを「我有化」するのではなく「他者化」し、その他者と「呼びかけと応答」の関係を取り結ぼうとする。

そうしたとき、他者は支配や操作や認識の対象（「それ」）として現れるのではなく、「私」に呼びかけてくる主体、すなわち「あなた」として現れてくる。傷つきやすく、脆い人間存在はつねに「私」に呼びかけてくる「あなた」として現れてくるのだ。それも、「もの」（対象）と見なされている自分を越えて「私」に呼びかけ、なにごとかを私に委託するものとして現れてくるのだ。

しかし、「私」がこの「あなた」の呼びかけをいつも聞き取り、応答できるわけではない。なぜなら、「私」も自己中心的な自分を越えることができなければ、「あなた」と出会い、「あなた」の「呼びかけ」に「応答する」ことができないからである。

私たちが「出会い・出会い直し」を強調するのは、一回の「出会い」だけで他者が理解できるものではないからである。そうした出会いによる他者理解はふたたび他者の「我有化」に戻るからである。そうならないためには、私もまた繰り返し自己中心的な自分を越えて、「もう一人の自分」をつくりだしていかねばならない。それができるとき、私はつねに新しい相貌を示し、新しく呼びかけてくる「他者の他者性」に出会うことができるのである。

このように教師と子ども、子どもと子どものあいだに、また教師と同僚のあいだに、ということは、自己と他者とのあいだに「呼びかけと応答の関係性」が結ばれ、「出会いと出会いなおし」

がすすむとき、両者のあいだに相共に分かちあう「公共空間」と「世界」が立ち上がってくる。そうしたとき、教師も子どもたちもその世界に生きてあることの悦びに恵まれ、他者との対話と討論をとおして「公共空間」をひろげ、「世界」をもっと意味深いものにつくりあげようとする。それと同時に、このようにしてつくられた「公共空間」と「世界」は、傷つきやすく、脆い存在である自己と他者をケアするものとなることを知る〈注15〉。

ここにおいて子どもたちは、ケアと自治、共感的な関係と共闘的な関係が相互に浸透する子ども集団をつくりだすとともに、共に生きてある世界を取り戻し、新自由主義的な統治と教育を越えていく「ちから」をもちはじめるのだ。

（3）「サービスとしてのケア」と「ケアの倫理」

このような集団づくりの捉え直しに私たちを導いたいま一つの実践は、生きづらさのなかにある子どもにたいするケア的なアプローチである。

しかし、「ケア」という言葉を前面に押し出すことには、私たちのなかに「疑問」と「ためらい」があった。それは、「ケア」という言葉が後述する「ケアの倫理」から離れて、いまでは新自由主義の文脈のなかでも使われるようになっているからである。

さきに新自由主義教育は子どもを「自分自身のための自分自身の企業家」にするものであると述べた。この経済的文脈に取り込まれると、ケアは、他者にたいして、とりわけ、もろさを抱え、傷つきやすく、ケアのニーズをもっている他者に応答するものではなく、排他的な個人主義者であるものにたいする「ケアサービス」、とりわけ、落ち込んだ「自尊感情」「自己肯定感」を慰める「ケアサービス」となる。

それは今日ではキャリア教育産業では常識になっている。文科省の「学力調査・学習状況の調査」においても、またキャリア教育産業における「スタディ・サポート」の類の調査書にあっても、自尊感情・自己肯定感の有無を調べる項目があり、著しく低いものはカウンセリングの対象とするように勧告されている〈注16〉。

こうした文脈にあっては、「ケア」は、自己をマネージメントする経済主体にしてしまう新自由主義の道具となっている。そこでは、「配慮する」とは、政治経済の計算の世界に個人を統合することである。この文脈のなかにある「ケア」において狙われていることは、自分自身を管理・統御する「主体」としての「私」をつくること、言い換えれば、政治経済の権力を内面化して、自己自身を支配する「内的権力」をつくりあげることであるといっていいだろう。

それは「内的権力」の意に反する自分自身を抑圧・排除し、自分自身の管理・統御を強めるものであるために、「自己と他者」ならびに「私と自己」とのミクロ・ポリティクスを過激なものにし、「自分などは存在しない方がいいのではないか」という「存在不安」におとしいれるものとなる〈注17〉。

だが、私たちが実践を通じてたぐり寄せた「ケア的なアプローチ」とは、フェミニストたちが主張してきた「ケアの倫理」に立つものである。

それによると、リベラリズムやネオリベラリズムが私たちのアイデンティティの核になると、わたしたちは依存することのない自立した主体、自分自身に全面的な責任を持つ主体になろうとする。

これに対して「ケアの倫理」は、人間は弱く脆い存在であり、それゆえに相互依存関係にある存在ととらえる。実際、人間は人生のなかでかならずその脆さに直面し、他者の配慮や世話に依存することなしには生存できない。そういう観点からすれば、もしかしたら依存・相互依存が人間存在の一般的な存在形態であって、自律・自立はその特殊な形態であるといわなければならないかもしれない。依存・相互依存関係が他者とのあいだにあるから、個人は自律的でかつ自立的な存在であることができるのではないか。

だから、人間を弱いものととらえる「ケア」の倫理的なアプローチは、一人の他者を心配し、一人の他者のニーズに関心をもつことから始まる。その際、ケアされるべき他者がもっとも必要としている基本的なことは、危害や暴力からの保護、不必要な苦痛を押し付けられないことであるととらえる。それは、不適切にケアされたり、ヘルプされたりすることを拒否する権利を当事者に認める。ということは、当事者がこのような不適切なケアやヘルプをふくめて「権力的・暴力的なもの」の支配の対象・客体とされることから保護するということだ〈注18〉。

このことを前提とすると、他者に「配慮する」ということは、特定の道徳律にしたがって他者と対応することではない。それは、個別・具体的な文脈を生きている「この」他者とつながり、「この」他者のニーズに敏感になることである。また、それは、自分の力では満たすことのできないニーズの充足を求める「この」他者からの呼びかけに応答することである。

ケアを求めるものは、「私がここにいる」ことを受け入れてくれ、「あなたがそこにいるね」と認めてくれ、労苦を共に引き受けてくれる「共在的他者」の応答のなかで、自分の存在を確かなものとするのである。

だがしかし、その「自分」はこれまでの対人関係のなかにいた「自分」ではない。その「自分」は、応答してくれるものに応答を返す「もう一人の自分」なのである。当事者は、自分に応答してくれる他者の登場を契機に、記憶の底に沈んでいた「共在的他者」を呼び覚まし、呼び集めるだろう。そして、「共在的他者」に応答する「もう一人の自分」をつくりだしていくのだ。[注19]

そのなかで、この「もう一人の自分」は、依存・相互依存の主体、ニーズの主体、不適切なケアを拒否する権利の主体として自覚するのである。そのなかで、他者に呼びかけていた者が、依存をめぐる当事者主体として自己決定権を実質的に行使し、「ケアされる者」と「ケアする者」との非対称的な関係を相互応答的な関係に転換していくのである。それが弱く、傷つきやすい子どもたちの「自己決定権」「当事者主権」の行使のはじまりであり、自治のはじまりである。[注20]

4　学級集団づくりの課題

（1）亜美に対する指導は「特別扱い」か――「道徳の教科化」に反対する

このようにみてくると、「集団づくりのケア的転回」は、集団づくりをどのようなものに脱構築するかの検討を求めている。だが、それを全面的に行うには新たに稿を起こさなければならないので、これまで述べてきたことをまとめる形でこの課題に応えたい。

そのために、まず、八木が、大きな課題を抱え込まされている亜美に対して、他の子どもたちとは異なる対応をしていることを問題にしたい。

というのは、このなかには、八木の亜美にたいする個人指導が「特別扱い」「例外扱い」なのか、それともどのような子どもであれ、一人ひとりの個別具体性に即して「呼びかけと応答」の関係性を取り結ぶことは個人指導の一般原則であるかという問題があるからである。

また、その際、八木がこれをクラスの子どもたちに話しているが、それは「特別扱い」をすることを「宣言」していることなのだろうか。それとも、だれにたいしても「呼びかけと応答の関係性」をつくること、ただし、個人指導は一人ひとりの個別具体性に応じて違った個別指導となることの承認を子どもたちに求めているのだろうか。

最後に、そのように「宣言」もされ、他の子どもたちに承認もされた個別指導は、亜美がどのようになるまで続けられるのか、いつになったら別の指導に変わるのかという問題をもふくんでいる。

もしすべての子どもを所定の道徳や規則にしたがわせることを「指導」だとする考え方に立つとすれば、このような亜美に対する個人指導はそれこそ「例外扱い」となる。

しかし、「ケアの倫理」にしたがって一人ひとりの子どもの呼びかけに応答するという倫理的な観点からいえば、この個人指導はのっぴきならない生活現実を生きている子どもの幸福追求の道を拓こうとするものであるかぎり、それは原則にかなったものである。

さらに、この個人指導は、個別具体的な状況を生きている子どもの要求―必要を掘り起こして、それにかなったものにこれまでの道徳や規則を変え、既存の集団を民主化するものであるかぎり、「例外扱い」であるどころか、指導の原則にかなっている。

民主的な自治的集団の指導は、集団指導と個人指導からなり、個人指導は多様な個別指導として展開される。それらの個別指導はその形態・方法が違っても、それが一人ひとりの子どもの幸福追求と集団の民主化を目的としているかぎり、共通の指導原則に立つものであるということができる。

私たちがかつて「道徳の時間」に反対し、今また「道徳の教科化」に賛同しないのは、特定の道徳律や規範の教育は、一人ひとりの個別具体性を排除し、個人の差異と集団の複数性を捨象し、一律的な道徳律に服従することを強いるものであるからである。その意味では、そうした「道徳」は、「倫理」が個別具体的な生活文脈を生きている子どもの呼びかけに応答するものであるのとは異なり、子どもに対して指示的であり、矯正的であり、権威的である。〈注21〉

私たちがこれに「生活指導と集団づくり」を対置するのは、なによりもまず一人ひとりの人間が個別具体的な生活文脈のなかで当事者として自由に幸福を追求する倫理的な判断を行うことを大切にするからである。私たちは所定の道徳律への服従を求める道徳の教育よりも、個別具体的な生活文脈のなかで幸福を追求する自由を保障することの方が重要であり、そのような倫理的な生き方をつうじて既存の道徳を問い返し、つくり変えることの方が子どもの道徳的発達を促すと考えてきたからである。

（２）班づくりをとらえなおす――避難所から居場所へ、そして根拠地へ

いま、一人ひとりの子どもが「個人化社会」のなかで個別具体的な存在として析出され、その差異が差別視され、「いじめ・迫害」の対象とされる状況にあることを考えると、「班づくり」は、なによりもまず一人ひとりの子どもが個別具体的な存在であることを保障するものでなければならない。そのためには、班はなによりもその子どもに危害やいじめや暴力を加えることを許すものでなく、すすんでその子を守り包むものでなければならない。

このことは、発達障害を抱えている子どもや虐待されてきた子どもについてもいうことができ

る。

その意味では、班は、まず、どのような子どもにとっても安全・安定・安心を守る「シェルター」(避難所)であることが求められている。〈注22〉

これにつづいて、班づくりは「呼びかけと応答」の関係性を班員たちのあいだにつくりあげて、差異のある他者と出会い、自他の差異を学び合うことを課題としなければならない。それは、班員たちがたがいに他者の主体性を尊敬し、たがいに関心を持ち合い、親しく交わることを通じて、だれもが安心して自分のありのままを出せる「場」、それを出しても排除や暴力の対象とされないで応答される「場」をつくりだすことである。〈注23〉

しかし、実践的には、こうした「場」がストレートに、また「自然に」できてくるものではない。そうした「場」は、班員たちが教師の指導を受けて子どもたちの社会的な葛藤や私的なトラブルに関与し、その対立的な関係を平和的な関係に「繕う」ことのなかでつくられる。つまり、班のゴタゴタを解決し、班の分裂や亀裂を「修復する」ことのなかではじめてつくられていくのであって「自然」につくられるのではない。とりわけ、新自由主義が横行するなかではそうだ。

そうした意識的な子どもと教師の取り組みがなければ、班は一人ひとりの子どもにとっての、また班のすべての子どもにとっての「居場所集団」にはならない。この名づけは、今日的な班づくりの課題を直截に言い当てている。なぜなら、「居場所」は人びとのつながりをつくりあげることをとおして、それにかかわるすべてのものがすべてのものに自由と平和を与える「場」であ

るからである。〈注24〉

そして、班はこのような「居場所集団」であるとき、一人ひとりの子どもが「当事者主権」にもとづいて自分の必要＝要求の実現を試みる「場」、自分の必要＝要求の社会的承認を求める「場」、つまり「ベースキャンプ」「根拠地」としての実質をもつようになる。

このような「シェルター」から「居場所」へ、そして「ベースキャンプ」へと発展させていくサイクルを螺旋的にかさねていくなかで、班づくりはクラスの底部にセーフティネットを張り、子ども一人ひとりがリスクに挑み、冒険を試みること、つまり「もう一人の自分」を現すことを励ますものとなるといってていいだろう。〈注25〉

（3）リーダーづくりの課題――自己疎外からの解放と集団自治への参加

しかし、このようなかかわりを他の子どもたちと取り結ぶことができるようなリーダー的な子どもがいるかというと、そうだとは簡単にいえない。

だが、本当にリーダー的な可能性をもつ子どもがまったくいなくなっているのだろうか。もしかしたら私たちがこれまで想定してきたようなリーダー像にかなった子どもがいなくなっているだけであって、別のところにこれまでとは違うリーダーシップが生まれているのではないかと考え直してみることが必要ではないか。

そのことは、新自由主義的な教育改革のただなかにさらされている教師についてもいえる。復古主義的な国家主義かと見誤るほどの新自由主義の「独裁化」のなかにありながらも、自分の教育実践・教育研究の自由をなんとか維持したいと願っている教師がいる。それにもかかわらず、これらの教師は行政指導の「独裁化」のなかに自己を「疎外」していかざるをえない。そのために、子どもの「呼びかけ」は聞こえていながらも、無視するしかない自分がいることを否定することができない。

そうした教師のなかに、いま注目に値することが生じている。それは、個別具体的な問題を抱えている子どもとの関係を介して、「自分」に対する「私」の関係を倫理的に問う主体が生まれていることである。それは、直接・間接の共在的他者に支えられているものではあるにしても、それにもかかわらず「自分自身に対する『この私』の倫理的な志向性」であり、その倫理的な志向性に裏付けられた政治性である。

こうした教師たちとおなじく、いじめられている子どもを守ることができないで、客観的には加担している自分に苦しんで、不登校になる子どももいる。そうした子どものなかに、いじめられる子にたいして「守ることも何もできないでいてごめんね」と謝っているものもいる。

そうした教師や子どものなかに、他者の生きづらさに共感する民主的な感受性が生まれている。他者を対象化・客体化し、「もの」と見なしてしまう自分自身からの解放、自己疎外からの解放を求めて、他者の生活と生き方に共感的に関与し、集団や世界の在り方に批判的に参加しようとするものが現れているのではないだろうか。

そうだとすれば、リーダーづくりにおいても、自己疎外から自己自身を救出するために関係性と集団性の民主化に関与・参加しようとする、このような感受性と倫理的な志向性に注目して、いま求められているリーダーシップとフォロワーシップとはどういうものであるか探る必要があるのではないか。

新自由主義が「自分自身のための自分自身の企業家」をつくることを目的としているならば、私たちは「もう一人の自分の実現ともう一つの社会の創設」のために自己自身を指導しようとする主体を育てることがいま必要とされているのではないか。

そのようなリーダー像は幻想ではない。対抗的リーダーはすでに民主的なボランティア、社会企業の起業家、市民的な活動家などとして現れている。

こうした観点からみると、リーダーを育てるために求められることは、友だちと相互応答的な関係性をむすびながら、友だちがどのように生きてあり、どのような生き方を願って行動しているかを学ぶことが大切になる。そして、亜美がクラスのなかに埋め込められている包摂と排除の切断線を越えたように、自分もまたそれを越えて、他者とともに生きるに値する世界を構築できるかを自分に問いかけ、他者と対話することができるかを問われているのではないか。

学級集団づくりとは、新自由主義的な競争と排除のなかにあって自己を疎外せざるをえない生き方を強いられている子どもたちが、他者に対する民主的な感受性をはたらかせ、「呼びかけと応答」の関係性をとりむすび、その相互応答的な「活動」をつうじて生きるに値する世界を他者とともにつくりあげることである。

そうだとすれば、私たち教師たちが討論を通じて教育実践を分析・総合し、実践の構想を立てるように、子どもたちもまた対話と討論をつうじて自分たちの学級集団づくりの実践を分析・総合して、リーダーとしての個人的自覚と力量を獲得していく必要があると同時に、自分たちの生き方の批判的な学びと反省を組織して、学級集団のあり方を「民主化」する実践的構想を立ち上げるリーダー・サークルや班長会をつくることが求められているといっていいだろう。〈注26〉

（4）討議づくりの課題（Ⅰ）――「自分の不利益には黙っていない」

これまで「差異と複数性」を意識して「集団づくりの脱構築」を論じてきたが、それでは、集団づくりのもっとも重要な側面といわれてきた「討議づくり」をどのように脱構築したらいいのか考えることにしよう。〈注27〉

それについては、すでに「班づくり」ならびに「リーダーづくり」と並行して展開される「討議づくり」にかかわっていくつかの問題を提起した。〈注28〉

そのひとつは、「呼びかけと応答」ならびに「対話」を通じて自分のなかの「もう一人の自分」の現れを促し、個別具体的な存在である一人ひとりが「自己決定権」「当事者主権」を行使できるようにすることである。

いまひとつは、自己疎外からの自由を求めて集団に意識的に参加するものが、自分自身と友だちによって生きられている生活現実を批判的に意識化する「話し合い」や「討議」をつうじて、「いま一つの生活現実」「いま一つの集団（社会）」の実現可能性を追求することである。

これらの「呼びかけと応答」ならびに「対話」「討議」が学級（総）会へと流れ込み、総会の討議と決定が行われる。学級集団は、その討議と決定を通じて、自治的集団としての意思と「ちから」を確立すると同時に、一人ひとりの子どもが自分をエンパワーし、「当事者主権」を獲得していくことが、「討議づくり」といわれてきたものである。

ところで、全生研常任委員会編『学級集団づくり入門　第二版』は、こうした討議づくりの重要事項として、「自分の不利益には黙っていないこと」と「みんなできめて、必ずまもること」（読点に注意）という二つの原則を提起していた。

この二つの原則は、集団づくりの前自治的段階（「よりあい的段階」）の原則として提起されていたものであるが、ここでは、これをその過程と段階をつらぬく討議・決定をつらぬく原則としてとりあげて検討する。そうするのは、「二つの原則」が学級集団の前自治的段階に限定されるべきものだとは考えないからであると同時に、この原則を再審に掛けることによって「討議づくり」を見直すことができると思われるからである。

まず、その原則の一つである「自分の不利益には黙っていない」は、単純に言えば、発議者によって提案されたものが自分自身にとって不利益であると異議を唱え、反論し、反対することである。

しかし、それはたんなるクラスの一成員として反対することではなく、「個別具体的な存在」として提案に反対すること、提案されている活動や規則に異議申し立てをすることである。さらに広げていえば、それは、提案が暗に提起している「学級集団のあり方」や「学級集団の環境設計」が自分の生き方・在り方に不利益をもたらすと反論を展開することでもある。

したがって、それは、第一に、「自己決定権」「当事者主権」を行使する「自由」を意味している。またそれは、自己の意見表明権を「自由」に行使し、提案をめぐる討議する場（公共空間）を創設し、公論を組織することをも意味している。

第二に、それが自分自身にとって「不利益」を主張するものであることに注目すると、提案された事項が集団成員の一人ひとりの「利益・不利益」にかかわるものであり、「平等・不平等」にかかわるものであることをみんなに意識させるものでもある。

このようにみてくると、「自分の不利益には黙っていない」は、差異と複数性からなる集団における自由と平等とはなにかを問う討議を発生させるものであり、討議を組織する公共の広場をつくりだすものである。そればかりか、それは、集団における「自由と平等」とはなにかをみんなに問いかけ、「これまでの非民主的な秩序」や「既存の民主的な秩序」に代わる「自由と平等にもとづく新しい民主的な秩序」を創設する契機、民主主義を「民主化」する契機であるということができる。

そのなかで、総会の参加者は、「自分の不利益には黙っていない」発言に触発されて、現実に埋没している自分のなかに存在している「もう一人の自分」の「現れ」を意識して、討議に加わり、自分の意見表明権を行使しようとする。参加者は改めて自分にとっての不利益はなにか、不足・欠乏しているものはなにか、どういう権利が認められず、禁止されているのかを反省的に捉え返して、自分がなにを要求とし、なにを必要としているのかを意識し始める。

そうなると、討議は、集団のなかにある「差異と複数性」を掘り起こし、多様な個別具体的な存在と出会い、かれらの「要求」を組織するものとなると同時に、それらを社会的な「必要」へと変換していくことを要請され、そのなかで社会的なニーズが公的に承認されたものとなる。

これを別な角度からいえば、この原則は、学級が「差別と排除」の集団になることにブレーキをかけ、それを「自由と平等」を追求する集団に転換するものである。それは、「包摂と排除」「いじめと迫害」を必然的に生み出す環境を設計する「環境介入権力」に対抗して、自分たちが生きる環境を自分たちの意思にもとづいて自由に設計する民主的なちからをつくりあげていく。それが「いじめ集団づくり」ともいえるものを「民主的な集団づくり」に切り替えるのであり、いじめのなかで倒立していた民主主義を正当な形に戻すのである。

(5) 討議づくりの課題（Ⅱ）――「みんなできめて、必ずまもる」の含意

それでは、「自分の不利益には黙っていない」と一体である「みんなできめて、必ずまもる」がなにを意味しているのか、また、そのなかの「読点」はなにを意味しているのかについて考え

ることにしよう。

『二版』に先んじて刊行された全生研常任委員会編『学級集団づくり入門』（明治図書、一九六三年、通称『初版』）が、集団のモラルの一つとして「みんなで決めたこと（集団決定）は必ずまもる」ことをあげていた。

ところが、このモラルが集団づくりの実践のなかにストレートに持ち込まれたために、集団の決定を絶対化し、その遵守を強く求める傾向がひろがり、集団づくりを硬直化させる危険が生じた。

常任委員会は、こうした実践的な傾向を改めるために、『二版』の編集過程に参加していた大西忠治の提言を入れて、「自分の不利益には黙っていない」と「みんなできめて、必ずまもる」を一体のものとして提起した。その際、大西は「みんなできめて必ずまもる」ではなく、「みんなできめて、必ずまもる」と読点を入れることを強く主張した。

その理由として大西があげたのは、「みんなできめて必ずまもる」では、「みんなできめたことは必ずまもる」との違いが明確にならないこと、「みんなできめた」ことが正当性をもつものか問いなおす必要がつねにあることの二つであったと記憶している。〈注29〉

今から振り返ると、後者のなかの問題の「読点」は、決定後、一息入れて、決定はほんとうに「みんなできめた」ものであるのか、いや、「みんなできめる」とはそもそもどういうことかを反省することを含んでいたように思われる。

そうだとすれば、この反省の内実はなんであったかを問うことを抜きにしては、「みんなできめて、必ずまもる」という原則の含意がなにかを明らかにすることができないということになる。だが、『二版』はその含意を直接的にくわしく語ってはいなかった。それどころか、その後、このテーゼの提案者である香川県生活指導研究会も、大西自身も、この読点を抹消して、これを「みんなで決めて必ずまもる」とした。〈注30〉

このために、大西が「みんなできめて、必ずまもる」に「読点」をつけることにこだわり、それをつうじて問いかけようとした問題とはなんであったかは、今日に至るまで正面から問われないできている。〈注31〉

その問題とは、結論を先取りしていえば、憲法とその他の法律との関係にもみられるように、ルールには「ルールをつくるルール」（構成的ルール）と「そのルールによってつくられるルール」（被構成的ルール）の二つがあること、言い換えれば、「個々の具体的なルール」と「それを根拠づけているルール」の二つがあることが、この「読点」に関係していたと思われる。

いま、このルールの二重性に照らして考えると、大西が「読点」をとおして問いたかったことは、クラスがある具体的なルールを決定したが、それは「ルールをつくるルール」からみて正当なものであったのかという点にかかわっていたのではないか。

具体的に言おう。合唱祭に課題曲と自由曲のふたつを歌うことになっている学校が多いが、クラスはその自由曲をどのように決めているのだろうか。これを単純多数決で決めて、全員参加を要請するということが疑問なく行われていないか。そうした疑問は、学校教育だから、不問に付していいと考えられているのだろうか。

しかし、このような自由曲の決定のし方と全員参加の規制は、子ども一人ひとりの「思想・表現の自由」という原則からみて正しいのかという問題があるのではないか。もしこの自由曲の選曲に内容的にも、方法的にも賛成できなかったものが、合唱に参加することを断った場合、それは「みんなできめて、必ずまもる」というルールに違反したことになるのかという問題がかくされている。

なぜなら、この場合の「ルールをつくるルール」の問題は、方法面では「自由曲の選曲は単純多数決でよかったか」、内容的には「このような自由曲の決定と全員参加の規制は『表現の自由』原則に抵触している」といえないことがないからである。「ルールをつくるルール」という観点からみると、このクラス決定は正当であったとはいえないという疑義が生じてくる〈注32〉。

この疑義からみるとは、これまでの討議づくりは、被構成的ルールの討議と決定に重点をかけてきたが、それを根拠づける「構成的ルール」の討議に焦点をあててこなかったのではないか。いや、『一版』は、全生研常任委員会編の他の入門書に比べると、理非曲直を問う討議と価値判断の重要性をもっとも強調したものであったが、その「討議の自由」を「ルールをつくるルール」の次元にまでおしひろげ、それを後述する「規範創造の自由」にひきあげることに欠けるところがあったといった方がいいだろう。

もしこれが「みんなできめて、みんなで守る」の「読点」が提起していた問題であったとすれば、集団づくりの脱構築のためには、「構成的ルール」と「被構成的ルール」の関係をどう取り押さえるか、「構成的ルール」がだれによってどのようにしてつくられるのかという問題をぜひ取り上げる必要がある。

（6）討議づくりの課題（Ⅲ）
――「規範創造の自由」をとおして「民主的な集団のちからとモラル」を

そこで、この問題を解くために、子どもたちが遊びのなかで「構成的ルール」と「被構成的ルール」の存在をどのようにして発見し、この二つのルールの関係をどうとらえていくのかかみることにしよう。

子どもが遊びのなかで「ケンカ・口論」をはじめるときは、たいていの場合、「いやだ！」や「ずるい！」という叫び声ではじめる。いや、「いやだ！」から「ずるい！」へとその声を発展させる。ここから「ルールをつくるルール」が子どもたちの議論の対象となる。

なぜなら、「いやだ！」は、遊びのルールに対する当事者の不利益を主張するものであるのにたいして、「ずるい！」は、「なぜいやだ？」と問いに答える、価値判断をともなった弁明であるからである。子どもはこのようなケンカ・口論のなかで「なにが正しい価値なのか」「なにが正しい規範なのか」の判断を争っているのである。

たしかに日本語の「ずるい！」には多様な意味があるが、この場合は、英語でいう"It's not fair!"（「公正」でない、「平等」でない）という意味を強くもっている。ときには、子どもは「キタネエ！」という声を発して、「ケンカ・口論」をはじめるが、それもまた"It's not right!"（「正義」にかなっていない）という意味を含んでいるとみることができる。〈注33〉

これらのことばは、「わたしはいやだ！」といういささか「私的」なニュアンスをふくむ自己主張を弁明し、当のあそびのルールが自分にとっても、またみんなにとっても「公正ではない」「公平ではない」「平等ではない」「正義ではない」という理由を差し出し、公論をつうじて「公正」なルールを決定することを求めることを示している。

とはいえ、「ずるい！」ということばを発したとき、子どもは「公正」「公平」「平等」「正義」といった価値概念を理性的に把握できているわけではない。だが、子どもはその具体的な事実と行動（ときにはリプレイすること）をつうじて、これらのことばの意味することを仮説的に直感し、これらの規範の内実を構想していく。

子どもたちはこうした仮説を構えることでもって、遊びの具体的なルールが「公正」であるのかどうか、「正義」にかなっているのかどうかを論争する。そのなかで、「公正」「平等」「正義」などの価値概念を追究し、それらを公的に承認し、確立していくのである。

これが子どもたちにおける「ルールをつくるルール」（構成的ルール）の確立の過程である。その場合、これらの規範の内実を確定することが不可欠である。なぜなら、これらが「ルールをつくるルール」の核心部だからである。そして、この過程と並行して子どもたちは、これらの「価値」や「規範」に照らして個々のあそびのルールの正当性を審議して、それを「被構成的なルール」として確定するのである。

ちょうど、わたしたちが最高法規である憲法をつうじて下位の法の正当性を審議・確定するように、子どもたちも「ルールをつくるルール」に照らして個々のあそびのルールを審議し、改廃していくのである。

この子どもの遊びにおける「ケンカ・口論」のなかに、「自分の不利益には黙っていない」と「みんなできめて、必ずまもる」というテーゼの実践の原型がある。それは、「自分の不利益に抗議する」から「すべてのものにたいしてルールが公正であることを求める」へ、そして「公正や正義などの規範を創造する」までの課題を含んでいる。

その意味では、子どもといえども、価値判断を争い、規範を創造して、それにもとづいてあそびのシステム・制度を確定しているのだといってよい。

だが、このテーゼには実践的にも理論的にも解決しなければならない問題が潜んでいる。それは、「自分の不利益」にこだわっているかぎりは、私的利益が支配する領域からも、権力的統制の支配する領域からも自由な公的領域を切り開き、公的な基準としての価値や規範を創造し、それでもって公的生活を自治することができないのではないかという問題である。

ところで、この問題をとくカギは、「自分の不利益には黙っていない」に含意されている「自由」――「表現の自由」「抗議の自由」「集会の自由」をどうとらえるかのなかにある。

集団づくりの前身ともいうことができる一九五〇～六〇年代の「仲間づくり論」にあっては、「不平・不満を組織する」ことをつうじて集団の矛盾を顕在化し、集団を民主化することが主張された。その意味では、「自分の不利益には黙っていない」はこの実践的指針を引くものであるといえなくはない。

だが、「集団づくり」の「自分の不利益には黙っていない」は、「不平」「不満」という心情の表現の自由ではなく、「不利益」を表現し、それに抗議する自由であった。この違いはふつう見過ごされやすいが、それは「仲間づくり」と「集団づくり」の違いをきわだたせるものであるだけでなく、戦後の教育・政治思想全体にかかわる問題であった。

その違いは、前者が抑圧されてきた「ホンネ」を引き出すことをつうじて、支配的な秩序である「タテマエ」から子ども（人々）を解放することを重視するのにたいして、後者は「不利益」「不公平」に抗議し、「平等」「公正」という価値・規範を創設して、古い「タテマエ」に代わる新しい「タテマエ」を構築することを重視するところにあった。

全生研運動のなかでも、「ホンネ」を引き出すことを重視するもの（「ホンネ派」）と、新しい「タテマエ」を創設することを課題とするもの（「タテマエ」派）のあいだで激しい論争がかわされたことがある。そのなかで「自分の不利益には黙っていない」と「みんなできめて、かならず守る」が不可分のテーゼとされたのである。

これをいま「自由」という問題にひきとっていうと、前者は「拘束からの解放」を追求する「感性的な自由」を「自由」とする（ただし、それは「公共の福祉」を妨げると判断された場合は、権力によって制限される）のに対して、後者は民主的な討議（公論）をつうじて規範（自由や平等などの価値）を創造する「自由」を「自由」とするものであったということができる。〈注34〉

学級集団づくりは、このような「自分の不利益には黙っていない」に示されている社会的な不平等に対する問いかけ・批判・抗議の自由にもとづいて、公論を組織し、「規範創造の自由」にもとづいて「みんなのことはみんなで決める」という公共空間を切り拓いてきた。私たちはこの実践的な伝統をつくりだしたことを誇りとしてよい。

だが、ここでも、先のテーゼが直面しているのとおなじ問題につきあたっている。なぜなら、「自分の不利益には黙っていない」から発する討議が、「ずるい」という私利私欲のレベルにとどまり、表現・抗議・討議の自由、ものの見方・考え方・思想の自由、結社の自由、規範創造の自由などにもとづいて「公平」「平等」「正義」などの「規範・価値」を新しく創設することに足踏みしているからである。それが、子どもたちのなかに半世紀近くも「いじめ・迫害」を発生させている主体的な理由である。

私たちは自由な討議を通じて「民主的な集団の意思とちから」(people power) を確立することを目的としてきた。そして、そのなかで一人ひとりがみんなと、そして自分自身と約束したこと（決定）にしたがって自主的に自己を律する「自律」という「倫理」を身に付けていくことを追求してきた。

しかし、それは具体的な利害の問題を力関係の問題ととらえて、「政治主義」的に解決することでは達成できるものではない。なぜなら、政治または自治とは、利害を物理的な力関係や「多数決主義」でもって解決するものではなく、なにが正しい価値であるのか、なにが正義であるのかを争い、それを人びとの意思とちからにすることをつうじて利害と力関係の問題を民主的に解決することであるからである。

そうだとすれば、私たちが目的として掲げた「民主的なちから」(people power) とは、人びとを無法に支配する政治的な権力とは本質的に異なるといわねばならない。それは、自由・公正・平等・正義・文化的生存権・平和、幸福追求の権利(個別具体的な個人が自分にとってもっとも生きるに値する最善の生活を追求する自由)などの権利や規範を政治的に実現していくピープルのちからとモラルである。

このようにみてくると、私たちは、①個別具体的な生活文脈を生きている一人ひとりの子どもの「呼びかけ」に「応答」する「倫理としてのケア」をつうじて、指示的・矯正的・権威的な「道徳」律と自分中心主義的な「反道徳」性を問いなおしていくこと、②現実社会の利害関係・力関係から生ずる社会的葛藤に自治的・政治的に取り組むことのなかで、規範創造の自由を拡張して、基本的人権を柱とする民主的な法的・道徳的な価値をたちあげ、それを実現していくことを求められているといっていいだろう。

いま、私たちは、集団的自衛権を承認する憲法改正と一体の、「道徳教育の教科化」ならびに「道徳教育をコアとする教育課程の構想」という「国家道徳の強制」の前に立たされている。そうした問題状況のなかにあるいま、生活指導運動は、ケアと自治的活動をつうじて、「呼びかけ」と「応答」の倫理的相互関係をつくりだすこと、民主的な価値と規範を集団のちからと市民的道徳へ変換することを実践課題とすることが求められている。

5　民主主義を「民主化」する

いうまでもなく、現在、政治的にもっとも争われていることは、「ルールをつくるルール」である「憲法」の制定ならびに改正がだれによってどのように行われるかという問題である。安倍内閣が立憲民主主義を棚上げにして、ということは、憲法制定権力である国民主権を無視して、行政権力の独裁化によって改憲を強行しようとしていることである。

それにたいして、私たちは憲法を制定し、改正するのは国民の総意、つまり憲法制定権力である国民主権であるととらえている。だから、これに反対の意思を表明しているのである。

私たち国民は、「圧政」と「不平等」と「戦争」に抗して、「自由」と「平等」と「平和」を求めて、平和と民主主義を原理とする「憲法」を自分たちのものとし、そのなかで民主的な生活と生き方をつくりだしてきた。だからこそ、密室の与党協議と閣議決定による解釈改憲を違憲行為

とみなして反対しているのである、
これから考えても、討議・決定は、「自分の不利益には黙っていないこと」と「みんなの総意によって構成的ルールをつくり、それによってつくられた被構成的ルールをみんなでまもること」をその原則としなければならない。

このような二つの原則にしたがって討議・決定を組織できるとき、はじめて差異と複数性からなる集団は、これまでに定式化された民主主義をさらに「民主化」することができるようになると同時に、それをつうじて個別具体的な存在である個人の自己決定権（当事者主権）を保障し、一人ひとりの生き方・在り方の変換を促すことができるようになる。

かつて「集団づくりとは『民主主義』を教えることである」といわれたことがあるが、「民主主義」というものは抽象的な概念としてあるのではなく、「民主主義を『民主化』する」実践のなかでつくられつづけていくものである。

そうだとすれば、私たちは、いま「集団づくりとは民主主義を『民主化』することである」〈注35〉と規定しなければならない。集団づくりが「民主主義を『民主化』する」ものとしてすすめられるとき、それは「いじめ集団づくり」を反転させるものとなると同時に、子ども一人ひとりの「生き方・在り方」を変換するものとなるにちがいない。


【注】

1　本稿は全生研（全国生活指導研究協議会の略称）第五六回大会（二〇一四年）の大会基調「『ケ

アと自治』を基本とする生活指導と集団づくり」に加筆・訂正を加えた改稿である。そのために、タイトルを「生活指導におけるケアと自治」と改めた。折出健二との共編『生活指導とは何か』(高文研、二〇一五年)所収の拙論「生活指導におけるケアと自治」もこの基調の改稿版であるが、枚数不足であったために、本稿を書いて完成版とした。

2　『全生研第五四回全国大会紀要』(私家版、二〇一二年)。本大会基調の草稿は『生活指導』二〇一四年八／九月号に所収されているが、『第五四回大会紀要』に所収されているのがその完成版である。

3　『全生研第五五回全国大会紀要』(私家版、二〇一三年)。本大会基調の草稿は『生活指導』二〇一四年八／九月号に所収されているが、『第五五回大会紀要』に所収されているのがその完成版である。

4　「集団づくりのケア的転回」という用語法は問題を巻き起こすかもしれないが、私たちの集団づくりの実践傾向が、班競争をつうじて班づくりをすすめるというよりは、「呼びかけと応答」を基本とする「ケア的なアプローチ」をつうじて班づくりをすすめる方向に変わりつつあることを意識して用いられている。だが、それは集団づくりをケアに置き換えるものでなく、「ケアの倫理」を取り入れて集団づくりを脱構築し、新しい集団づくりの自治的展開を追求するものである。

なお、ここでいわれている「集団づくり」は、学級集団をはじめとする生徒集団を民主的な自治的集団として形成する教師たちの指導の実践総体を示すものとして使われている。だから、それは教師の観点にたっての名づけである。そのために、子どもの観点にたつときは、それを「(子どもの)自治」と言うことにしたことを付記しておく。

5　本来、条文は一条に「方針」を置き、二条に「目的」が置かれるのが正当な順序であると思われるが、教育基本法にあってはこの順序が逆になっている。このために、二条「方針」の意義が十分に把握されてはこなかった。この点については、竹内常一「『教育の方針』から『教育の目的』を読みひらく」(『クレスコ』二〇〇六年九月号)を参照されたい。

6 河合隼雄監修、「21世紀日本の構想」懇談会著『日本のフロンティアは日本の中にある』(講談社、二〇〇〇年)一六五頁。

7 新教基法の「教育の目標」は新旧ないまじりの保守主義的なものであったが、その後の「教育改革」の展開のなかで、後述するように、新自由主義的なものに変化している。それにもかかわらず、「教育改革」が依然として新旧ないまじりの保守主義的なものとして捉えられている。そのために、実践と運動の停滞が生じているのではないか。

本論では、教育改革を新自由主義的な側面に力点をかけてとりあげ、新保守主義的な側面にはあまり言及していない。それは、ひとつは、新自由主義的側面が主導的な側面であると考えているからであり、いまひとつは安倍政権の「超国家主義」的かと思われる傾向も新自由主義との関連できちんと分析する必要があると思われるからである。さしずめ本論は、新自由主義が独裁化の傾向をもつことを指摘することでその切り口をつけている。

8 「規律権力」と「環境介入権力」については、ミッシェル・フーコー『生政治の誕生』(筑摩書房、二〇〇八年)の「一九七九年三月一四日」「一九七九年三月二一日」の講義を参照されたい。そのなかでフーコーは、新自由主義が目指す社会とは、「差異のシステムが最適化されているような社会。揺れ動くプロセスに対して場が自由放任されているような社会。個々人や少数者の実践に対する容認ある社会。ゲームのプレーヤーに対して作用するのではなく、ゲームの規則に対して作用するような社会。そして最後に、個人を内的に従属化するというタイプの介入ではなく、環境タイプの介入が行われるような社会」なのであると述べている(三一九頁)。

9　これらの文書については竹内常一『いまなぜ教育基本法か』（桜井書店、二〇〇六年）を参照されたい。これらのなかで提起されている「自分自身を管理・統御（マネージメント）する排他的な経済主体」の形成政策は、いま「一億総活躍社会」政策として拡張されている。

10　全生研が「いじめ」を「いじめ・迫害」というのは、「いじめ」は未熟である子どもの自治の始まりであるというとらえ方をしているからである。問題は、「いじめ」が民主的な子どもの自治に発展せず、それが人権無視の「迫害」へと悪性化してしまうところにある。したがって、「いじめ」を「迫害」へと転化させるのでなく、それを子どもの自治へと発展させることが実践的課題となる。いじめは外部の大人がどのような介入をしても解決するものではない。「いじめ・迫害」という言葉の裏には「いじめを解決することができるのは子どもの自治のちからだけである」という考えがある。

11　このようないじめのプロセスは、子どもの実際の生活に現れることは少なくなっているが、多様なネットをつうじて行われるようになっている。そのために、突如、「迫害的ないじめ」が出現する傾向があるという。

　また、一クラスしかない学年の場合、いじめ・いじめられ関係が数年にわたり錯綜してつづいているために、それを修復し、和解に至るまでに長い時間がかかるという。後者については、竹内常一「『ケア』と『学級集団づくり』序論――三つのレポートが提起するもの」『生活指導』二〇一三年一二月／一月号を参照されたい。

12　前掲、竹内「『ケア』と『学級集団づくり』序論」を参照されたい。本書Ⅲ―2はそれをリライトしたものである。

13　亜美が「席替え」といって、「班替え」といっていないところに、彼女における個人と集団との関係意識の希薄さがあらわれている。彼女にとっては「班」はまだ居場所になっていないのである。

14　中西正司・上野千鶴子『当事者主権』（岩波新書、二〇〇三年）。このなかで、上野は「当事者」とは何かを問い、「当事者とは『問題をかかえた人々』と同義ではない……ニーズ（必要）とは、欠乏や不足という意味から来ている。私の現在の状態を、こうあってほしい状態に対する不足ととらえて、そうではない新しい現実をつくりだそうとする構想力を持ったときに、はじめて自分のニーズとは何かがわかり、人は当事者になる。ニーズはあるのではなく、つくられる。ニーズをつくるというのは、もうひとつの社会を構想することである」とし、そのうえで、「当事者主権は、何よりも人格の尊厳にもとづいている。主権とは自分の身体と精神に対する誰からも侵されない自己統治権、すなわち自己決定権をさす」「当事者主権とは、私が私の主権者である、私以外のだれも――国家も、家族も、専門家も――私がだれであるか、私のニーズが何であるかを代わって決めることを許さない、という立場の表明である」と述べている（二〜四頁）。ここには、新自由主義の「自分自身のための自分自身の企業家」とは対照的な人間の捉え方が示されている。

15　「私とあなた」という関係性と「私とそれ」という関係性については、マルティン・ブーバー『我と汝・対話』（みすず書房、一九七八年）を参照されたい。参考文献として、清眞人『経験の危機を生きる――応答の絆の再生へ』（青木書店、一九九九年）、『創造の生へ』（はるか書房、二〇〇七年）をあげておく。

16　「自尊感情」「自己肯定感」という言葉は〔self-esteem〕の訳語であるが、これらの言葉は文脈によって異なる意味を持つ。この箇所で用いられている「自尊感情」「自己肯定感」の意味は、高垣純一郎の「自己肯定感」のつぎのような定義とはずいぶん違っている。
「自分が自分であってはダメなんだ」という「その自己否定は部分否定ではなく、まるごと否定である」。これに対して「自分が自分であって大丈夫」という「その自己肯定感は、自分が美しいから、有能だから自分を肯定するという感覚ではない。ダメなところ、弱いところも含めて、自分の存在まるごとを肯定する感覚なのである」（日本生活指導学会編『生活指導事典』（エイデル研究所、二〇一〇年）一四五頁）。

この定義は本稿と共通するところがあるが、調査において用いられているものとは対立している。

17　「自己と他者」「私と自己」をめぐる「ミクロ・ポリティクス」とは、権力によって自己が従属化されると同時に、自己が権力にそった主体となる「従属化＝主体化」（subjection）のなかで、その自己が内面化した権力を「他化」して、それを主体によって行使される抵抗的な「ちから（パワー）」に組み換えることを主題とするものである。

18　ケアの倫理については、岡野八代『フェミニズムの政治学』（みすず書房、二〇一二年）、上野千鶴子『ケアの社会学』（太田出版、二〇一一年）、エヴァ・フェダー・キティ『ケアの倫理からはじめる正義論』（白澤社、二〇一一年）。ファビエンヌ・ブルジェール『ケアの倫理――ネオリベラリズムへの反論』（白水社、二〇一四年）を参照されたい。

19　これが「いまある自分」に代わる「もう一人の自分」の誕生の由来である。これについては、さしずめ竹内常一「子どもにおける自己と他者」（『生活指導』二〇〇六年一二月号）を参照されたい。

20　こうした観点からいうと、中三の後期に行われた班編成が「今なら誰と一緒になっても大丈夫」という理由から「くじ」でおこなわれたことが問題になる。なぜなら、亜美が「もう一人の自分」の実現と「もうひとつの学級集団」の創設を願い始めたこの時期に、班替えを「くじ」で行うことは、班編成を偶然性にまかせるということだからである。

くわしい事情もわからないでいうことになるが、亜美のなかに当事者主権の意識が生まれつつあったとすれば、ここではそれを亜美に意識化させて、班長に立候補することをうながし、班長による班編成を提起すべきであったのではないか。ただし、亜美が信頼するリーダー的な友だちをフォロワーとして班に入れることがその条件である。フォロワーは、正しいことにはしたがい、うたがわしいことには疑問を呈し、間違ったことには抗議できる、いま一つのリーダーだからである。

21 前掲、ブルジェール『ケアの倫理』四五〜四六頁参照。

22 「安全」「安心」はともかく「安定」を加えていることに注意されたい。

23 「民主主義というのは、差異から学習することであり、私たちが異なる他者とともに生きることを学習することである。まさにこうした理由によって、民主主義は、人生からのみ学習することができるのである」（ガート・ビースタ『民主主義を学習する』（勁草書房、二〇一四年）一五二頁）。

24 「居場所」とはなにかを考察している文献が多くない。ここでは、ハイデッガー『存在と時間』（ちくま学芸文庫、一九九四年）にもとづきながら、「居場所があること」と「居場所がないこと」とを考察している笹沼弘志『ホームレスと自律／排除――路上に〈幸福を夢見る権利〉はあるか』（大月書店、二〇〇八年）の「終章　世界の喪失と創出」をあげておく。

25 班づくりは、安全・安心に囲われた「民主主義」を子どもに保障するものではなく、自由への飛躍を保障する民主主義を子どもに保障するものである。そうでなければ、班づくりは「柔らかな管理」の場に転化するだけだ。

26 これが『学級集団づくり入門　第二版』（明治図書、一九七一年、通称『二版』）が説明抜きで提起していた「核との思想的対話」ならびに「核に対する個人的接近」の内実である。だが、『二版』は、リーダー的な力があることを当人に自覚させ、その力を当人が集団の民主化のために意識的に使うことに力点をかけていた。それにたいして、本稿は自分自身の自由と解放のために集団の民主化に参加することに力点をかけている。

こうした観点からいうと、記録の仕方のせいかもしれないが、八木の班長たちに対する指導は、亜美と対話しているほどに班長個人と対話を交わしていないように思われる。リーダー的な子どももまた生き方の岐路に立たされているととらえる必要があるのではないだろうか。

27　「差異と複数性」については、斎藤純一『政治と複数性――民主的な公共性に向けて』（岩波書店、二〇〇八年）を参照されたい。

28　学級集団づくりは、「班づくり」「リーダーづくり」「討議づくり」という三つの側面をもつということは、言い換えれば、集団づくりのなかでこの三つの側面が相互関連にあり、相互浸透しあっているということである。これら三つの側面が別々に関連なく展開されるということではない。

29　大西は『二版』の編集会議と原稿の検討会に参加した折に、この原則に読点を入れるかどうか苦しんだと告白していた。その告白は、この読点についての再考をせまっている。もしかしたら、この「読点」のなかに、大西が一九八七年に『ゆるやかな集団つくり』（明治図書）を提唱した秘密がかくされているのかもしれない。

30　例えば、香川県生活指導研究会「学級集団つくりの三つの側面と三つの段階の表示（構造表）」（班・核・討議／号外　一九七三年七月二五日）においては「みんなで決めてかならず守る」となっており、読点は削除されている。大西忠治はこの「学級集団つくりのすじみち」をそのまま『班・核・討議つくり　改訂版』（明治図書、一九八二年）に収録している。

31　「ゆるやかな」という形容詞は、ポスト・フォーディズムならびに新自由主義のキー・コンセプトである「フレクシビリティ（flexibility—柔軟性・弾力性）」に対応するものである。もしかしたら大西は、フォーディズムに対抗するものとして構想した「班・核・討議つくり」に代えて、ポスト・フォーディズムに対抗するものを「ゆるやかな集団つくり」として構想していたのかもしれない。

32　「ルールをつくるルール」には内容的な側面と方法的な側面があるとのべたが、『二版』の「学級集団づくりのすじみち」(通称「構造表」)は集団の発展段階に応じて討議・決定の方法について次のような提起をしている。

○よりあい的段階では、「班内多数決・全班賛成」という「満場一致制」(「満場一致制Ⅰ」)
○前期的段階一期では、「班多数決制」(「多数決制Ⅰ」)
○その二期には決め方についての事項がないが、「班多数決制」がつづけられるものと考えられる。
○その三期では、「個人多数決制」(「多数決制Ⅱ」)
○後期的段階では、個人採決によるのか、拍手によるのかわからないが、「満場一致制」(「満場一致制Ⅱ」)をとる。

この決め方の発展仮説は、決定権を集団から個人に移し、多数決から満場一致を導き出し、決定を集団のものにするすじみちを示すものであるが、これらの決め方がいったいだれによって提起され、だれによって承認されるものであるのかについての言及がなされていない。

そうした言及がないということは、決め方を提案するものは教師であって、子どもではないことを意味していないということではないか。そうだとすれば、子ども自身が決め方という「ルールをつくるルール」の主体ではないということになりはしないか。子どもはいつになったら、決め方についての提案と討議と決定の主体となるのであろうか。それが「ルールをつくるルール」の方法的側面の最大の問題であるのに、それについての言及がないのはどうしたことだろうか。

33　しかし、「ずるい」とか「きたねえ」ということばには、"You are dirty" といって相手の「人格の尊厳」を侵害し、罵倒するニュアンスがあることも否定することはできない。子どもは、いま、これらの両義的なことばをいずれの意味で使うのかという問題状況に立たされている。

それは、日本政府がヘイトスピーチを表現の自由に関係するものとして容認するか、それとも規範創造の自由に反する人権侵害として否認するかを決定できないまま、ヘイトスピーチを野放しにしていることの反映でもある。

「表現の自由」は「価値・規範創造の自由」とつながるものであるが、人権侵害の自由を許容するものではない。そうだとすれば、私たちは子どもたちの「ずるい」「きたねえ」ということばを「公正でない」「正義にかなっていない」という意味を示すことばとして使うように指導する責任・義務・権利があるといっていいのではないか。

34　この「二つの自由」をめぐる議論は、丸山真男が戦争直後の一九四七年の「日本における自由意識の形成と特質」（『丸山真男集第三巻』岩波書店、一九九五年）のなかで「拘束の欠如としての自由」と「理性的自己決定としての自由」の対立問題としてつとに問題にしてきたものである。それを現代の課題として引き取り、後者を「規範創造の自由」ととらえて、立憲主義の再構築を提起したものとして樋口陽一『憲法　近代知の復権へ』（平凡社、二〇一三年）がある。

35　「民主主義を『民主化』する」については、前掲、ビースタ『民主主義を学習する』を参照されたい。

終章

生活指導とは何か

私たち日本生活指導学会は二〇一〇年に竹内常一を編集代表にして『生活指導事典――生活指導・対人援助に関わる人のために』をエイデル研究所から刊行した。その際、私は編集代表として同書「刊行の辞」といってもよい「はじめに」を書いた。そして、刊行後、学会誌『生活指導研究』第三〇号に「書かれなかった編集後記」と題する一文を寄稿した。

これら二つの文章を本書の終章に収録したのは、ほかでもない。本書の読者の方々に「生活指導」といわれてよい営みが学校教育のなかだけではなく、福祉、心理臨床、医療・看護、労働・職業相談、コミュニティ・エンパワメントの分野でひろく行われていることを知っていただきたいためである。

こうした試みは、社会福祉の再構築を意識的に追求しているEU、とりわけイギリスではこれらの分野で行われている営みを総合して"Social Pedagogy"(日本でいわれている『社会教育学」ではない)という実践と研究を発展させて、大学の研究・教育の一環としているところがある。

その気配が日本においても現れており、近い将来、現実となるだろうことを予言している本書を手にとっていただくために、ふたつの拙文を終章とした次第である。

1『生活指導事典』刊行の辞

私たちが日本生活指導学会を結成したのは一九八三年のことである。

その結成を提唱したのは、当時、子どもたちのなかから噴き出した非行、校内暴力、いじめ、不登校などに直面した教育関係者であった。その訴えは、いくぶんかの戸惑いをもって受け取られたが、人びとの生活と生き方・在り方に直接に関わっている心理臨床、看護、保健、社会福祉、司法福祉などに関わる人たちから支持され、短期間のうちに本学会は学際的なものとなった。

このような学会が八〇年代前半に結成されたことにはいくつかの理由がある。そのなかのひとつに、後に「生きづらさ」といわれるような生活の困難が子ども世代にかぎらず、あらゆる世代、とりわけ「社会的弱者」のなかにひろがり、一人ひとりがその困難のなかで自分の生活と生き方・在り方をつくっていかねばならなくなったということがある。その背後にあったのは、一九八〇年代の「行政改革」にはじまる日本の国家・社会の「構造改革」であった。年を追って「生きづらさ」が深まるなかで、人びとのあいだに「人間的な存在として生きてありたい」とする「存在要求」ともいうべきものがひろがっていった。

いまひとつは、このような人びとの生活状況の転換に呼応して、「一人ひとりの生活と生き方・在り方に関わる要求に応答して、その実現に共同して取り組む」ともいってよい営みがさまざまな分野で展開されるようになったことである。しかも、その営みが実にさまざまな名称のもとで爆発的に広がっていったことをあげなければならないだろう。その名称をひとくくりすることには問題があろうが、それには「生活指導」「生活相談」「対人援助」「自立支援」などがあり、「ケア」「カウンセリング」「パーソナル・アシスタンス」「ソーシャルワーク」などがある。

このような二つの動きのなかで本学会が結成されたのであるが、そのさい「生活指導」という名称を採り、他の名称を採らなかったことに特別な理由があったわけではない。私たちはこの多様な名称のもとで展開されている「営み」がなにかを明らかにするために「生活指導」という名称を採ったのである。

本学会がさまざまな名称のもとで仕事をしている人たちの参加を得て、相互交流を重ねるなかで、私たちはその仕事のなかに共通した「営み」というか「はたらき」があることを確かめ合ってきた。それをいま仮にいうとすると、それは「ひとりの人間的に生きてありたいという存在要求に応答して、その人が必要とし、要求している生活と生き方・在り方を共同してつくっていく営みである」ということができるだろう。

だが、この営みを「生活指導」と呼ぶことに異論がないわけではなかった。今も異論があるだろう。

その異論のひとつは、分野によっては、この営みを「生活指導」ではなく、べつのことばでいわれているという意見があった。だから、さまざまな分野の違い・用語の多様性を考慮して、編集委員会のなかに本書のタイトルを「生活指導・対人援助ハンドブック」としてはどうかという意見もだされたことがあった。そのこともあって、本書は「生活指導・対人援助に関わる人のために」というサブタイトルをとっているのである。

だが、それでもこの営みを「生活指導」ということばでくることについての異論はくりかえ

し提出されている。とりわけ、その異論は「指導」ということばに集中している
このことばに違和感や抵抗感をもつのには、もっともなわけがある。

そのわけは「指導」ということばが国民の生活にたいする「権力的統制」という文脈のなかで使われてきただけではなく、今もそうではないと言い切れないからである。「保健指導」「栄養指導」「校外生活指導」などの「指導」には国民に対する「行政指導」とそれを下支えする「共同体的な規制」がつきまとっているからである。だから、それを「指導」というのではなく、「相談」とか「援助」とか「支援」とかいったほうがいいとする意見がくりかえし提出されるのである。

だが、「ことば」を取り換えるだけで、「援助を必要としているもの」と「援助するもの」の関係性が変わるわけではないだろう。そのように言い換えたとしても、それらが専門的な知識と技法にもとづく「専門家指導」という「専門家支配」にならない保証はない。

大切なことは、両者の関係性が「指導されるもの」と「指導するもの」、「援助されるもの」と「援助するもの」という固定的なものにとどまるのではなく、それがどのようにして相互に応答しあい、相互に変容しあうものへと変わっていくかということである。また、そのなかで両者が問題の当事者であることを意識し、その問題をとらえなおし、問題の解決に参加・関与することができるようになるか、そのなかで相互の経験や知恵に裏付けられたパワーをつくりあげることができるようになるかにあるのではないか。

だから、私たちは「生活指導実践主体の成長――権力的かかわりからいかに自由になるか」「生活指導におけるケアと自己決定」「支えあって生きる――教育・援助・相談・ケア」「生活指導とエンパワメント」などを学会の研究テーマとしてきた。それだけではなく、その延長として「地域の再構築と育ちあい」「住民主体の生活指導」などをテーマとしてきたのである。

私たちの学会は二〇一〇年で二八年目を迎えるが、その研究と実践は現代的貧困のひろがりのなかでますます必要とされるようになっている。こうしたなかで、その必要とされているものがどのようなことであり、それをどのように名づけるか明らかになっていくだろう。本書がそうした実践と研究の一里塚として受け入れられることを切に願うことでもって「まえがき」としたい。

末尾になったが、編集委員会を代表して、本書に寄稿していただいた方々に深く感謝するとともに、本書の刊行に尽力していただいたエイデル研究所と熊谷耕氏に感謝の意をのべさせてください。

二〇一〇年七月

編集委員会代表　竹内　常一

2 「書かれなかった編集後記」

(1) 生活指導の存在論的基底

生活指導学会編集部からの依頼は、本学会誌『生活指導研究』第二八～三〇号連載の「『生活指導事典』との応答」に寄稿されている六氏の論稿を踏まえて、『事典』編集代表であったものとして「生活指導研究の行方と展望」を述べよというものであった。

しかし、私が「編集代表」となったのはことの行きがかり上のことであって、それ以上のことではない。この出版企画が理事会に提案されたとき、確かに私は理事ではあったが、基礎的・原理的な「辞（ことば）典」の類をつくることは、私たちの実践的な試みをなんと名づけるかに異論があるなかでは不可能に近いという消極的な態度をとり、現時点で可能なことは各分野で「生活指導」的な実践と思想がどのようにつくられてきたのかを「事（こと）典」形式でまとめるしかないと考えていた。その後、私は任期満了のために理事を解任されたが、刊行委員であるという責任だけがなぜか残り、やむなく本企画を「Q＆A」形式の「事典」として具体化する破目になった。

そういう消極的な立ち位置から本事典の編集に関わったのだが、私は「はじめに」という巻頭の短文のなかでふたつのことをこの『事典』に託した。

そのひとつは、「生きづらさ」が年ごとに深まり、「人びとのあいだに『人間的な存在として生きてありたい』とする『存在要求』ともいうべきものがひろがっていった」時代状況のなかで、本学会が結成されたことの意義を確認することであった。そのなかで「生きてある」という破格の日本語を使ったのは、人間として「ある」（存在する）ことができないなかでは、「生きる」ことができないということを強調したかったからにほかならない。

そうした存在状況は具体的にはホームレスや難民のなかに、虐待や迫害（いじめ）のなかで自死するほかなかった子どものなかに、使い捨てられ、棄民されるなかで自・他殺するほかない人のなかに、社会の外部に排除され、その周辺部に追いやられている人びとのなかに突出した形で現れている。しかし、それはいまではすべての人の、そして一人ひとりの「生」と「死」を取り巻き、その「生」と「死」にたちこめているものである。

ところで、ここで問題としている「人間の存在論的な基底の崩壊」とは、端的にいえば、「居場所がない」ということ、つまり「世界のなかに自分が『生きてある』ことのできる場所がない」ということである。別言すれば、それは「世界のなかにあり、世界とともにあるという人間的な存在の在り方」、「他者とともに世界のなかにあり、他者と応答し合いつつ世界をつくりだしていくという人間的な存在の在り方」[注1]の解体を含意しているといってよいだろう。そうした人間の存在論的な基底の崩壊は、アーレントにしたがっていえば、「諸権利を持つ権利」の、また笹沼弘志にしたがっていえば、「地球上に身体を備えて存在する」ことの権利、すなわち「存在権」の剥奪状態を示している。〈注2〉つまり、人間が「世界内存在」であることを拒絶されているという状況を生きることを強制されているということである。私が「はじめに」のなかにしのびこませたことのひとつはこのことの確認であった。

いまひとつは、このような人間の存在論的な基底の崩壊の確認を前提としたうえで、専門分野の違いを越えて本学会に集まったものがその仕事のなかで共通して追求しているものがなにか、それぞれの仕事を結びつけ、つなぎあわせ、ひとつのものにしているものはなにかを取りだしたいという願いであった。

だから、「はじめに」のなかで、これらの仕事をつらぬいていることは、「ひとりの人間的に生きてありたいという存在要求に応答して、その人が必要とし要求している生活と生き方・在り方を共同してつくっていく営み」であると仮定的に述べた。言い換えれば、私たちが実践と研究をつうじて追求していることは、人間の存在論的な基底が解体・崩壊しているただなかにあって、「他者とともに世界のなかにあり、他者と応答し合いつつ世界をつくりだしていく」ということ、つまり人間と世界の全体性を再構成、再創造していくことととらえ、そこに「生きてある」ことの回復を賭けた。

こうした観点からさまざまな名称のもとで展開されている私たちの「営み」を捉えかえして、「生活指導」という用語法をめぐる議論を新しい次元にひきあげていくことが、いまひとつの私の「抱負」であった。

そこで、『事典』編集にこめた私の二つの「願い」または「抱負」に照らしてみるとき、本書がどういう問題を私たちに提起しているかを若干の問題にしぼって「編集後記」風に述べることで編集部の依頼に応えることにしたい。

（2）「受容」と「指導」は矛盾するか

人間の存在論的な基底が解体し崩壊しているなかにあっては、「生活指導」とか「対人援助」とか「生活支援」とかといわれる仕事は、私たちが他者として「世界のなかにあって、世界とともに生きてある」ことを意識的、無意識的に求めている人びとの試みに関与・参加していくことであるといっていいだろう。

そのためには、私たちにまず求められていることは、その人のかたわらにいて、その人とともに世界に住みこむものであることである。私があなたの傍にいて、あなたの呼びかけに応えること、その私の応答にあなたもまた「私」として応答すること、その相互応答を交わすなかでそれぞれに自己の存在を確かめ、生きるに値する世界を構成していくことである。

岡野八代によれば、このような関係性とは、「『わたしがここにいる』ことの重みを感じ、労苦を引き受けてくれる他者の存在によって、自分の存在が確かなものになる。そうしたケアと信頼と葛藤からなる関係性である」〈注3〉とされている。さらに彼女はヘルドを引用して、そうした関係性をつらぬいている「ケアの倫理は、個人とより広い社会のレベルの双方において、ケアと配慮の関係性と、ニーズに対して人びとが互いに応答しあう関係性を築きあげる」ことであるとし、「わたしたちが見失ってならないのは、そのような社会的構築物を下から支えあるいは取り囲んでいる人間の相互依存とケア関係の必要性という、より根源的な現実である」としている。

時代状況がこれほどに「ケアの倫理」を必要としているにもかかわらず、本『事典』のなかでケアを主題化した直接的な項は「2—11　ケアから正義へ」にとどまり、それ以上の項をたてることができなかった。なぜそうなったのか編集関係者として問う必要があるが、いまは問題の所在を指摘するだけに留めておく。

とはいえ、この問題に関わる項がまったくなかったわけではない。それどころか、こうした問題関心は多くの項のなかにみることができる。そこで、これまで繰り返し問題にされてきた「受容」と「指導」に関する項にそくしてケアと相互応答の関係性がどのように論じられているかみることにしよう。

まず「2—4　『指導する』ことと『受容する』こと」をみると、高垣忠一郎は「自主性を尊重する指導は、相手の内面の自由を尊重することを前提にして成り立つものである」と述べている。そうだとすれば、「その内面の自由を保障し、その回復を援助する」ものであるところの「受容」、「それは指導が本来の『指導』として成立するための前提をつくり出す働きかけだといえる」と述べて、受容と指導を統一的にとらえる可能性を提起している。

ここでいわれている「受容」とは「自分のありのままの気持ちを表現しても、そのことによって拒否されないという安心感をもたらすと共に、自己決定の主体として尊重されているという信頼感をもたらす働きかけである」とされている。この「安心感」ならびに「信頼感」をもたらすことと、さきの「内面の自由」を回復することとが、「自己決定主体」の尊重という点でつなげられていると推量される。

そう理解すると、「受容」は相手の存在の現れを歓待するケアの関係性を含んでいる。また、それが指導成立の前提であるという言明は、ケアの関係性は「社会的構築物を下から支えるもの」、言い換えれば、ケアと相互依存の関係は社会的諸関係の「原基」であるとするとらえ方と相通じているといっていいだろう。

他方、「2―1　生活指導における『指導』概念」の項を見ると、竹内常一は教師と子どもの関係に絞って「指導する」ものと「指導される」ものとの関係を論じている。

そのなかで「生活指導とは、子ども（たち）が意識的な生活主体として自分（たち）の生活に取り組み、それをよりよいものに発展させていく過程に（教師が―引用者）参加・関与していくこと」であるとされている。つまり、生活指導は子どもと教師という二つの主体からなり、その過程は両者の相互応答として展開されるものであるとされている。

したがって、「教師にまず求められることは、子どもと生活をともにし、そのなかで子どもが他者（中略）とどのような関係をとり結びながら、どのような生活を営んでいるのかを知ること」

である。「他方、子どもはこのような教師のかかわりに支えられて、生活現実のなかに埋没していた自分を取り戻し、自分を包みこんできた生活現実を意識化しはじめる」。そのなかで、「子どもは自分の抱えている問題を……読み解くと同時に、……自分の要求を読み開くことができるようになり、自分（たち）の認識・表現や必要・要求を対置して教師と討論できるようになる」としている。

このようにみてくると、「指導」は、教師が子どもにおける生活主体の現れを感受し、それを子どものものにしていくこと、それに応答して子どもが意識的な生活主体として自己を確立していくこととして展開される。その意味では、「指導」はケアを前提としていると同時に、教師と子どもの相互応答的な関係行為である。そうした点からいえば、「指導」は子どもにおける人間存在の現れに根拠をもち、その権限は直接的には子どもによって授権されるといっていいだろう。

このようにみてくると、「受容」と「指導」は矛盾するものではなく、人間の存在論的な基底の崩壊に立ち向かい、人間的存在を回復する大きな試みを構成するものととらえなければならない。そうした観点からみれば、「受容」と「指導」をめぐる「矛盾」といわれるものは、それら自体にあるのではなく、それらを社会的に成立させてきた外部から生じているととらえられるべきであると考える。そういう見方をしていいほどに、これらの試みは目的を協同して追求するものとなっている。

（3）「エンパワメント」をどうとらえるか

また、私たちの試みの共通性は、本『事典』の項に「エンパワメント」ということばが頻出していることのなかにも感じ取ることができる。それに直接的に言及している項は「2―2 『対人援助』はどのようなものか」、「2―3 ソーシャルワークとはなにか」、「2―10 エンパワメントとはなにか」、「2―11 ケアから正義へ」、「5―6 リハビリテーションとエンパワメントの考え方」の五項であるが、これに近いことを間接的に論じている項が多い。

これらの項にあっては、「エンパワメント」ということばは、人間の存在論的基底の崩壊に抗して人間的な存在の回復、または奪還を目指す私たちの試みの目的、またはその目的追求の過程を言い表すものとして用いられている。

庄井良信は「2―10」において「今日、エンパワメントという概念は、社会、文化的な制約のなかで権力・権限（power）を簒奪されている人びとが、それに気づき、学び、意識化しながらそれを奪還し、ある社会やコミュニティの意思決定に参加しつつ、社会における主権性、あるいは人生における原・著者性（self-authorship）を形成していくプロセスと理念を意味するようになってきた」と述べている。

私は庄井の概念規定は、アメリカの公民権運動に発する「エンパワメント」〈注4〉と『被抑圧者の教育学』の著者であるP・フレイレの「人間化」「良心化」「意識化」〈注5〉をふまえた総括的で意欲的なものであると評価しているが、「エンパワメント」と「意識化」ということばをこのようにつないでいいかについてなお検討の余地があると思っている。

それはともかく、「エンパワメント」ということばは、ディスエンパワーされたものが人びととのつながりのなかで相互に自己をエンパワーしていくことを共通項としているとしても、このことばを立ち上げた各地域、各領域における具体的な実践に裏打ちされた内容と方法をもっていることが見落とされてはならないのではないだろうか。

だから、『事典』は「2―2」では「対人援助とは……被援助者のもっている力を引き出し、エンパワーし、その成長や自己実現の過程を促進することである」とし、「心理的」エンパワメントに焦点をおいているのにたいして、「2―3」では「ソーシャルワーク専門職は、人間の福祉（well-being）の増進をめざして、社会の変革を進め、人間関係における問題解決を図り、人々のエンパワメントと解放を促していく」（国際ソーシャルワーカー連盟の定義）とし、「社会的」エンパワメントに焦点をおいている。

また、「5―6」では、リハビリテーションは保健医療の過程に対する障害者自身の関与を実現させるためには、当事者のエンパワリングの過程が必要不可欠であるとし、それをつうじて障害者の「当事者主権」の確立という問題を提起している。その意味では、それは「私たちぬきで私たちのことは何も決めるな」〈注6〉という「政治的」エンパワメントを間接的に問題化しているということができる。

このように「エンパワメント」はそれぞれの分野に応じてその力点を変えるが、人びととの出会いとつながりを原基とする社会的なちからを導き出していく社会的なエンパワメントをかいして、一方で個人のちからを有力化する心理的エンパワメントを進め、他方で自分たちを無力化する政治的支配に抵抗し、政治的解放を闘いとる政治的エンパワメントを進める構造をとるとするJ・フリードマンの全体的な構想に注目したい。〈注7〉

こうした構想がないとき、たとえばエンパワメントは相互応答をつうじて人と人が出会い、互いに互いの内在する力にどう働きかけ合うかということであって、なんらかの力をつけること、持たせることではないと断定することはかならずしも正しいとはいえない。〈注8〉なぜなら、ディスエンパワーされた人々は生産と再生産のために必要な知識、情報、技術、社会組織、経済的な資源にアクセスするちからをつけ、持つことが必要だからだ。問題はそうしたものが人びとをエンパワーするのではなく、かえってディスエンパワーすることもあるということだ。

また、ビジネスの世界におけるリエンジニアリングが現場の従業員の自主的な意思決定とビジネス・プロセスのコントロールを可能にした点で、従業員のエンパワメントを促進するものであったと拡張するのは正しいとはいえないのではないか。なぜなら、それは他方において労働者をディスエンパワーし、労働者を労働そのものから排除するものでもあるからだ。〈注9〉

（4）私たちの試みのこれまでと現在――「生活指導の行方と展望」

だが、このように考えてくると、新自由主義と新保守主義が猛威をふるい、政治権力が人びとをディスエンパワーしている日本の現実にあっては、私たちは「エンパワメント」の中核を構成している「パワー」とはなにか、それは具体的にはなにを意味するものであるのかを手触りのあるものとして感得できないでいることが大きな問題となる。

そうした問題状況を越えていくためには、私たちは私たちの試みをとおして、「権力」（パワー）とは他者との相互応答をつうじて世界を構築する私たちの共同の「ちから」であり、それゆえにそれは個人に属する「力」ではなく、社会的集団に属する「ちから」であるというコモンセンスをすべての人たちのものとすること、つまり「パワー」ということばを日本人の共通のことばにすることが求められている。〈注10〉それができなければ、私は「エンパワメント」というカタカナことばはいつまでも「専門家」のものにとどまり、普通の人たちのものにはならないと思っている。

そうだとすれば、私たちが「生活指導の行方と展望」を論ずるためには、各地域、各分野において展開されている私たちの実践的な試みが、「出会いと相互応答をつうじてディスエンパワーされたものが自分（たち）のパワーを新しい形として取り戻すことを指導・援助する営み」であるという仮定的な定義を確証する必要があるのではないか。

そのためには、学校教育における生活指導が戦前において反省主義的な「生活指導」ならびに防貧対策としての「生活訓練」をどのように転換して、また戦後においても順応（適応）主義的な「生徒指導」と管理主義的な「生活訓練」をどのように転換して、民主的な政治的訓練ともいうべき「集団づくり」という実践形態をつくりあげてきたかを実践的事実に照らして検討する必要がある。

おなじことは社会福祉実践についてもいうことができる。戦後の社会保障・社会福祉の基本方針を提起した「社会保障審議会勧告」(一九五〇年)は、生存権保障をつうじて個人の「生命、自由及び幸福追求に対する権利」を尊重し、保障するとした新憲法の理念に応えるものとして社会福祉を規定し、その具体的実践として「生活指導、更生補導、援護育成」などをあげていたが、このなかで「生活指導」はその概念内容を真に転換したのかが問われなければならないだろう。その後、社会福祉実践は「ケースワーク」をキーワードとし、被保護者が公的扶助を受けることに自尊感情を傷つけられることなく、自立への権利として扶助への権利を有することを実感して、失われた生活意欲を取り戻すことを指導・援助するものとして展開された。

しかし、「ケースワーク」の理念・原理が福祉国家の福祉行政のワクのなかではたして実現されたのか。ケースワークの原理にたつ社会福祉実践が自立の権利を保障するものであったからこそ、被保護者が当事者主権を意識して、ソーシャル・アクションやコミュニティ・ケアを自主的に展開するようになりつつあるが、それらのカタカナことばで表されている社会福祉実践はどういう社会的事実をつくりだし、これまでの福祉国家をどう転換しようとしているのかも問われる必要があるだろう。

そうした私たちの試みの「これまで」を批判的に考察すると同時に、それがたどりついた私たちの「現在」が私たちの試みの理念をどれだけ実現するものとなっているのか、またどれだけ枠づけし制限するものとなっているのかを問題化し、その試みの仮定的な定義がどのような事実に裏付けられ、どのような事実によって修正をもとめられているかを明らかにすることをつうじて、この定義を普通の人たちのものにするには、どういうことばを意味転換して用いればいいか考える必要があるだろう。そうしたとき、「生活指導」ということばはなつかしいことばとして残るだけでいいと私は思っている。

【付記】本書（『生活指導事典』）刊行後、読者から「なぜ『事典』が集団づくりの原型である大西忠治編・香川県生活指導研究会著『班・核・討議つくり』（明治図書、一九六八年）に関する項または記述がないのか」という批判が寄せられた。編集代表としてこのことに責任を感じていることを付記しておく。

【注】

1　P・フレイレ『自由のための文化行動』（亜紀書房、一九八四年）五九頁。

2　ハンナ・アーレント『全体主義の起源2』（みすず書房、一九七二年）、笹沼弘志『ホームレスと自立／排除』（大月書店、二〇〇八年）。

3　岡野八代『フェミニズムの政治学』（みすず書房、二〇一二年）一五一頁。なお、ヘルド（Held,Virginia,*The Ethics of Care:Personal,Political,Global*,Oxford University Press,2006）の引用は、岡野訳による。

4　日本国憲法第一三条の「生命、自由及び幸福追求に対する権利の尊重」という文言はアメリカ独立宣言から引いたものであるが、その権利は独立宣言にあっては白人の成人男性に限られたものであった。一九五〇年代から始まったアメリカの公民権運動はこの権利を成人白人男性以外のすべての者に承認することを求める運動であったということもできる。

5　P・フレイレ『被抑圧者の教育学』(亜紀書房、一九七九年)。

6　J・I・チャールトン『私たちぬきで私たちのことは何も決めるな――障害をもつ人に対する抑圧とエンパワメント』(明石書店、二〇〇三年)。

7　J・フリードマン『市民・政府・NGO――力の剥奪からエンパワーメントへ』(新評論、一九九五年)。

8　森田ゆり『エンパワメントと人権』(解放出版社、一九九八年)。

9　久木田純「エンパワメントとはなにか」(『現代のエスプリ　376』至文堂、一九九八年)。

10　アーレントは「権力(power)」、「力(strength)」、「強制力(force)」、「暴力(violence)」を区別して、「権力(power)は、ただたんに行為するだけではなく、[他者と]一致して行為する人間の能力に対応する。権力はけっして個人の性質ではない。それは集団に属するものであり、集団が集団として維持されているかぎりにおいてのみに存在しつづける」としている(『暴力について――共和国の危機』(みすず書房、二〇〇〇年)一三二〜一三三頁)。私はこの「他者」を「ひと」だけでなく「もの」にも拡張すべきであると考えている。そうしたとき、人間の存在権はものの「自然権」をも含むものとなり、エンパワメントという概念は人間中心主義から解放され、人類学的な実質を持つことができると考えている。

あとがき

本書は、教育基本法の改正を批判した『いまなぜ教育基本法か』（桜井書店、二〇〇六年）刊行から数えて一〇年後の久しぶりの論文集である。

この間、私はいく度か論文集を出そうとしたが、それらは教育基本法改正後の新自由主義的な「教育改革」の急展開と子ども・若者の「生きづらさ」の深刻化に正面から対応するものになりえていないと感じて、その刊行を断念した。

しかし、この間、私は二つの編著書を編む機会にめぐまれた。そのひとつは、故野々垣務氏（元・高生研・教科研会員）が創設した通称「竹内塾」（二〇〇二年結成）に集まった人たちと編んだ『教育と福祉の出会うところ――子ども・若者としあわせをひらく』（佐藤洋作との共編。山吹書店、二〇一二年）であった。

そして、いまひとつは、編集代表として参加した日本生活指導学会（一九八三年結成）編の『生活指導事典――生活指導・対人援助に関わる人のために』（エイデル研究所、二〇一〇年）であった。

私は『いまなぜ教育基本法か』を刊行するまえの二〇〇三年に桜井書店から『教師のしごと』と題する著書を刊行する予定であったが、書名があまりにもそっけないというか、「詩想」に欠けるので、もう少し魅力的なタイトルはないか考えていた。そのとき突然、口を衝いて出たのは、「おとなが子どもと出会うとき　子どもが世界を立ち上げるとき」ということばであった。

このとき、私はこのことばの意味するところがどういうものであるか明確に分かっていたわけではない。いまもその教育学的な意味が明確であるわけではないが、私は「子どもが他者とつながり、生きるに値する世界を立ち上げる」姿というか、生き方を求めて教育学研究をしてきたと思っている。このことばは私の教育思想の原型を示すと同時に、新しい展開を示唆するものであると感じて、これをメインタイトルとし、予定されていた「教師のしごと」をサブタイトルとしてこれを刊行した。

そして、その続編をつくるために、四人の教師の教育実践記録の分析をとおして「子どもが世界を立ち上げる」ということはどういうことかを探った。

ところが、突然、「竹内塾」のなかで研究と実践をまとめたいという話が起こり、『教育と福祉の出会うところ』の企画がもちあがった。

そのころ、私は日経連『新時代の「日本的経営」』（一九九五年）が日本の労働世界・企業社会をどのように変容するかに注目し、フォーディズムからポスト・フォーディズムへの転回、またはリジディティ（硬直性）からフレクシビリティ（弾力性）への企業経営の転回を注視していた。そして、それらが日本の政治と教育にどのような新自由主義的な「構造改革」をもたらすかに関心を集中していた。

そのためか、全国進路指導研究会から二〇〇七年の研究大会で「『働くこと』と『学ぶこと』の現在」（『進路教育』二〇〇八年冬季号・春季号連載）と題する講演を依頼された。しかし、講演は不十分なものに終わったので、記録に手を入れて、『教育と福祉の出会うところ』に改めて寄稿することにしたものの、やはり納得できるものを書くことができなかった。

そのために、前述の四編の教育実践批評を急遽その企画に取り込むことにした。そして、この四篇の実践批評が四年後、本書〈I〉に収録されることになった。

〈I〉冒頭に、鈴木和夫氏の実践記録「Tという子と子ども集団づくり」をもとにして書いた「Tとの出会いから子どもの自治へ」を置いたのは、ひとつは、「おとなが子どもと出会うとき　子どもが世界を立ち上げるとき」を如実に示すものであるからであると同時に、「ケアと自治／学びと参加」という本書の主テーマのひとつを凝縮して示していると思ったからである。

しかし、あらためて〈I〉の記録を読みなおすと、いずれの記録も生活指導から学習指導へ、学習指導から生活指導へと往還する実践的な試みであることに改めて気づいた。全生研結成当初、宮坂哲文氏は、一人ひとりの子どものものの見方、感じ方、考え方、ひいては行動の仕方、つまり生き方の指導を介して、知識伝達の狭義の学習指導を人間形成のための広義の学習指導に組み変えることを提唱したが、四篇の実践記録はそれぞれの実践形態を通じて生活指導と学習指導の統一を進め、一人ひとりの子どもの生き方の変容を促すものに、ということは、一人ひとりの子どもが「自己と他者と世界との関係」を創造的に変容し、生きるに値する世界を切り拓く「学びと参加」の実践に取り組むものになっていた。

この時期、私は子ども・若者の生きづらさの深刻化ならびに心身の健康の危機的状況に介入するために、生活指導を「ケア」に拡張すると同時に、子どもの自治（集団づくり）を「当事者主権」という観点から脱構築する必要があると考えていた。そうした問題意識は、本書「Ⅲ―3 生活指導におけるケアと自治」のなかで「集団づくりのケア的転回」ならびに「生活指導における自治の脱構築」として展開されている。

その際、明示的には提起していないが、本書は、新自由主義の補強のために取り込まれている日本的な「つながり」とか「空気」などの新保守主義にたいする、また新自由主義の「独裁化」を後押しする新保守主義にたいする批判を強め、改めて「民主主義を『民主化』する」構想を練りあげる必要があるとしている。それができないと、民主主義は「安心」「安全」に囲いこまれた民主主義に堕落し、「民主主義を『民主化』する」冒険に子どもを誘うことができなくなるだろう。


本書を書くなかで、私に宿題を与えてくれた故宮坂哲文氏、故大西忠治氏、故鈴木和夫氏の声を聴き回想にふけることがあった。これらの方々をはじめとする研究者・実践者の方々、とりわけ全国生活指導研究協議会、全国高校生活指導研究協議会ならびに「竹内塾」の方々に心からの感謝の意を表したい。